優秀なプレーヤーは、なぜ優秀なマネージャーになれないのか?

柴田励司

クロスメディア・パブリッシング

はじめに

リーダーを志す人は引退するまでに三度ジャンプする覚悟が必要です。一回目は管理職になったとき。二回目はトップマネジメントチーム（経営会議）のメンバーになったとき。三回目は後進に道を譲るときです。

ジャンプするとはそれまでは違う考え方、振る舞い方が求められるということ。同じやり方のままだと必ず失敗します。

管理職になって、いわゆる部下を持つようになったとき。ここが最初のジャンプです。それまでのように「自分」が高いパフォーマンスを上げていればいい、では済まなくなります。自分を含むチームのパフォーマンスに気を配らなければ管理職失格になります。「自分でやる」から「みんなでやる」に意識を変えないといけません。

トップマネジメントチームのメンバーになると、「今日のビジネス」のことだけでなく、「明日のビジネス」のことも同時に考えていかねばなりません。これが二回目のジャンプ。目先の課題に埋没してしまうと、将来への備えができなくなるからです。多くの場合、今日やっていることを推進しながら、同時に否定するという矛盾との戦いになります。今日と明日のバランス感を求められるようになるのです。

最後に要職を下りて後進に道を譲るとき。ここが最後のジャンプです。この場合、自分のこだわりを捨てることが求められます。いかに優秀な後進でも、後進は後進。自分の目からするといかにも未熟。気になる点が多々見えてしまいます。そこで良かれと思って現場に介入すると老害そのものになります。瞬間風速的に正しい行為であったとしても、中期的にはマイナス要素のほうが多いです。

この本は、社会人としての最初のジャンプに直面している人、初めて管理職になった人、これからなる人を対象に書かれています。

私が代表を務めるIndigo Blueで主催している「柴田塾」には、この本の対象のような方が多く参加されます。年齢として30代から40代前半で、リーダーとしての役割を遂行する難しさに直面している方々です。

みな個人としては優れています。だからこそ、リーダー職を拝命したわけです。しかし、ひとたびリーダーになると、今までのように自分が頑張ればいいというわけではありません。下手に頑張り過ぎると、周囲がお手並み拝見とばかりにひいてしまう。周囲に対して事細かく指導し過ぎると疎まれる。自分では考えられないような凡ミスを繰り返したり、期限を守らないルーズな仕事ぶりのメンバーたちのことで日々悩みに悩む。注意しても指導しても改善しない。過去に自分が受けてきたのと同じように部下に接すると、パワハラと言われてしまう。苦しい。

この本は、そんな方たちのヒント集です。

第一部では、優秀なプレーヤーで終わってしまう人と優秀なマネージャーに転換できる人の比較をしてみました。優秀なプレーヤーでずっといくのももちろんありです。そこは否定しません。むしろ応援しています。一方で、ご自分の志向や会社の必要性からマネージャーとして活躍することが期待されている方々がいます。本書は、そういう方への指南書として書いたものです。

第二部では、アプライド・マテリアルズ・ジャパンを創業しアプライド・マテリアルズのグローバル化と超1兆円企業に成長させた岩崎哲夫さんと石井静太郎さんが創立した、コンサルティング会社のIIOSS社が開発したマネジメント診断の考え方をご紹介しながら、自分のマネジメントスタイルを客観視するためのヒントをまとめました。自分のスタイルを知り、その上でチームメンバーの特性、担当している事業環境等を意識して、最も適したスタイルのマネージャーになりきること、その大切さとやり方について解説しました。

事業環境の移り変わりが早くなって、複雑さも増し、将来の不確実性も高まる中で、かつメンバーの多様化が進み、マネージャーの役割は以前に増して重要になってきています。しかも、顧客価値を創っている現場に近いマネージャーの質によって、企業の実力、成長性が決まると言っても過言ではないでしょう。この本が、優れたプレーヤーだった方々が適切なジャンプをし、優れたマネージャーへの道を歩んでもらうための一助となれば嬉しく思います。

2015年2月5日　京都にて　柴田励司

序 章

自分のプレースタイルを変える

PART 0

You have to change a way of the work if you want to succeed.

勘違いだらけのマネージャー論

多くの人が組織の「マネージャー」について、勘違いをしています。

優れた能力や実力があって、凄い結果を残してきた人が、優秀なマネージャーになるべきである。あるいは、そういう人だからメンバーがその力に惹かれてついてくるのだと。

いわゆる、生存競争に勝ち抜いた者がマネージャーになる。そういう考え方は、じつは非常に危ういのです。

長らく日本企業では、そういったマネージャー選抜が、ごく当たり前のように行われてきました。マネージャーとは勝利者の次なるステップである。そう考えられていたわけですが、じつはそうではなくなっているという話をこれからこの本でしていきます。

では、いったいこれまでの「マネージャー論」の何がどう勘違いだったのか。

優秀なメンバーの中からもっとも優秀な人間がマネージャーになる。まず、これが、マネージャーについての第一の勘違いです。

凄い実力があって、結果も残してきた優れたプレーヤーが、必ずしもマネージャーとしてメンバーを率いたとき、チームで結果を出せるとは限らないのです。

むしろ、もし皆さんや皆さんの部下が「優秀なプレーヤー」だとしたら、そのままだと「優秀なマネージャー」にはなれないと思ったほうがいいでしょう。それはなぜか？

個人として優秀なプレーヤーは、当然ながら自分のやることと結果に自信を持っています。ところが、マネージャーになると、自分がプレーして結果を出すのではなく、チームの中に「デキる人」を増やして結果を出してもらわなければならなくなります。

ここで、優秀なプレーヤーであった人ほど足踏みしてしまうのです。自分でやっているときにはできたことが、どうしてチームではできないのだろう。**自分に自信があった人ほど、マネージャーになったときの現実とのギャップに悩み、ストレスを抱えます。**

ただ、これはまあ、プロスポーツの世界でも「名選手、名監督に非ず」という実例がいくつもあるので、なんとなくそうかもしれないなと思われているかもしれません。

そして、もう一つの勘違い。これは、なかなか気づくのが難しい。何かと言えば、優秀なマネージャーの要件（リーダーシップ）は、特定の資質やスキルで規定できるという勘違いです。そういった特定の資質やスキルを向上させるマネージャー研修というものも盛んに行われているだけに、余計に厄介です。

じつは、優れたマネージャーとは、ある特定の資質やスキルで規定できるものではないのです。この点で、この本は世の中にたくさんある「リーダーシップ本」や「マネジメント本」と異なります。

それらの本の多くでは、「求められるマネージャーの資質や行動とはこういうものである」「このようなマネジメントスタイルがチームに良い結果をもたらす」と書いています。間違いではないのですが、相関の一つに過ぎません。

この本で、私が皆さんに提供したいのは「優れたマネージャーとは可変である」という考え方です。つまり、従来型の優れたマネージャー像と違って、これとこれとこれをクリアした優れたプレーヤーが優れたマネージャーの資格者である、という固定概念を壊しましょうという話です。

そもそも、どんなマネージャーにも「できること」「できないこと」「得意」「不得意」があります。たとえば経営マネジメント層のマネージャーには「計数管理能力」が必要ですが、当然、そこにもレベルのバラつきはあります。

それならば、経営マネジメント層のマネージャーは全員が、高いレベルの「計数管理能力」がなければならないかというと、そういうことではないわけです。適当かつ不器用で、新しいことをみんなでやるのが好きな私みたいなタイプは、一日中「計数管理」だけやらされたら、おそらく「あ、無理」と思って帰りたくなります。

ホテルのベルマンも向いていません。（京王プラザホテル勤務時代にやったことはありますが）エレベーターを出てから違う方向に行く確率50％超です。

優れたリーダーシップとフォロワーシップ

では、いったい、どうやって世の中の多くのマネージャーは、自分の「できないこと」や「不得意」を抱えながらも、マネージャーとして結果を残しているのか。

プレーヤー時代に培ったスキルによる「リーダーシップ」だけでは足りないものを、どのように補っているのか。

この答えは、どれだけ「リーダーシップ本」や「マネジメント本」を読んでも書かれていないのですが、私が自らの経験の中から体得したのは、こういうことです。

マネージャーに大事なものは、優れたリーダーシップと優れたフォロワーシップである。

ん？　リーダーシップはわかるけれど「優れたフォロワーシップ」とは何だ？　と思われるかもしれません。

そもそも、マネージャーだからといって、常に一方的にリーダーであるということはあまりなく、その場の状況でリーダーになったり、フォロワーになってたりします。リーダーが部下を動かすことばかりでなく、部下のためにリーダーが動くこともあるわけです。**優れたマネージャーは、優れたメンバーがいてこそ成り立つ。これはリーダーシップの原理原則なのですが、多くの人が理解できていません。**

優れたマネージャーがいれば、自動的にメンバーが優れた動きをして良い結果が出るかというと、そんなことはない。優れたマネージャーの仕事とは、自分が優れた結果を出すのではなく、メンバーの優れた能力を引き出し、良い結果を出すことができるように最適化することです。

ときにはマネージャーが、主体的にフォロワーに回って、その場やチーム全体がうまく機能していくようにサポートをすることで、マネージャーとして目指したい結果を出す。つまり、マネージャーとメンバーは相互依存関係にあります。コインの裏表。どちらか片方では成り立たないものだと思ってください。

世の中には、ごく稀に、とんでもなく凄いマネージャーがいて「フォロワーなんてやったことがない」という超天才タイプがいますが、そこを目指すのは間違いです。そういう人は、そうなろうとしたのではなく「なっている」ものだからです。

大切なのは、ヒト・ヒト・ヒト

優れたマネージャーとして、チームを率いたり、経営マネジメントをしていくために大切なものは何か。

よく聞くのは、「ヒト・モノ・カネ」という経営の三大資源を最適にマネジメントし、効率よく高い成果を出すこと。概念的にはその通りですが、マネージャーが直面する現実としては「ヒト・モノ・カネ」ではなく「ヒト・ヒト・ヒト」です。そもそも、人を育てるのも、モノをつくり出すのも、お金を稼ぐのも、すべて人によるものだからです。

組織やチームが良い方向に進むかどうかは、どんな人を入れて、どのようにお互いを繋げていくかに尽きます。優れたマネージャーがひとりいても、それだけでは何もできません。フォロワーがどのように動くかでチームの結果は決まります。そうした組織のダイナミクスについての知識+気づきが重要だということです。

そのようなことをお話すると、「いや、そういうことはリーダー研修、フォロワー研修でやってます。勉強してます」という人がいます。

たしかに、研修で「事業計画」「マーケティング」「ファイナンス」「組織人事」「タイムマネジメント」などを勉強しているという人は多いです。ただし、それらの勉強は単体で完結しています。マーケティングならマーケティング単体の勉強だけになっていて、マーケティングをチームで推進していくときに、チームをどう動かしていけばいいのか、そのためにマネージャーは何をしなければならないのかという「繋がり」がないのです。

知識としての勉強ならそれでもかまわないでしょう。けれども、**マネージャーとしてチームで何らかのアウトプットを出すためには、すべてが繋がっていなくてはいけません。**

もう、おわかりだと思いますが、組織でビジネスを動かし結果を出すために必要な要素をすべて繋げていくのは「ヒト」以外にありえないわけです。

私はこれまで、様々な会社の経営に関わってきました。破綻会社の再建もやりました。破綻した会社にはお金がありません。ヒトも足りません。人心もバラバラです。外部から助けてもらうこともできない。それでも、マネージャーが残された人たちの力を再結集すれば再建することは可能です。何もない中からでも、「ヒト」の力を引き出すことだけはできるのです。

マネージャーがやるべき5つのこと

では、すべてにおいて大切な「ヒト」を繋げていけるマネージャーになるためにやるべきこととは何か。

どんな環境、どんな状況でも実力を発揮でき、チームを目的達成に導ける優れたマネージャーは、次の5つの要素を大事にしています。

1．目に見えない組織特有の力学を理解すること

これは組織全体の〝空気を読む〟とも言えます。組織によっては、朝、話し合っていたことが、その日の夕方にはもう具体的施策に落とし込まれているぐらいのスピードで動くところもあれば、数カ月ゆっくり時間をかけるところもあります。

また、実際に組織でものごとを動かしていくときに、意思決定プロセス上、2人のハンコをもらえばいいと決まっていても、そこに誰と誰を入れないと話が進まないのかという

のは、組織特有の事情があるので外から「はい、これです」と教えるわけにはいきません。

外部からバリバリのキャリアを持った人が、やる気満々で組織の中に入っていっても、うまくいかないケースがたくさんあるのは、その人がこの「目に見えない力学」を意識していないからです。

大事なのは「そういうことがある」ということを理解し、認知できているかどうかです。

2. 自分を知り、自分を客観視できること

リーダーは「素」の自分でやるのは無理です。どういうことか、私がカルチュア・コンビニエンス・クラブ（以下、CCC）のCOO（取締役最高執行責任者）をしていたときの話です。

朝9時の予定が懲罰、その20分後には隣の部屋でマネージャーたちを表彰するというようなスケジュールになることもあります。素の自分なら、朝一番からものすごく腹を立てて、そこからいきなり「よくやったね」なんて表彰はできません。

どうしたかといえば、最初の20分は厳重注意をくだすマネージャーを演じて、部屋を出

るわけです。

たら違うスイッチを入れて松岡修造さんみたいに「熱い激励」をするマネージャーを演じ

よくよく観察すると、マネージャーは上に行けば行くほど、みんなそういうことをしています。それは仮面をかぶるとか、そういうことではなく、その場面、局面ごとにどのように振る舞うのが効果的かを考えて動いているからです。

そのためには、自分が「素」でいるのではなく、自分を客観視して心理学的に言えば「メタ認知」を働かせ、自分で自分を動かすということができないといけないのです。

3. マネジメント手法を知ること

マネジメント手法はいろいろありますが、大きく分類すれば二つです。「遠心力型」と「求心力型」があります。

求心力型はマネージャーが言ったことをメンバーがやるというやり方です。PDCA(Plan-Do-Check-Action)サイクルの中では、マネージャーが計画して、メンバーが実行。マネージャーがチェックして、メンバーがそれに従う、という流れになります。

このスタイルは、前提条件が変わらず、決まったことを指示通り行うことが求められる仕事以外では不具合の方が目立ってきているので、今では全ての業態・業界で遠心力型にシフトしてきています。遠心力型では、方向性を共有したうえで、基本的にメンバーが自分でやり方を考え、自分で実行し、自分で補正をかけていきます。

マネージャーの仕事は個々のメンバーが働きやすいように環境を整えること。人と人を繋ぐ、情報を渡す、武器となるツールを渡すなどです。

どちらのマネジメント手法を取るかによって、リーダーのやることはまったく違ってきます。求心力型は、どんな人だろうと同じように指示命令をする。遠心力型は一人ひとりのことをよく見ながら、人によってやることを変える必要があります。

4. 自分とメンバーの総力を発揮すること

マネージャーとなる人は、そもそも個人として優秀だからそのプロモーションがあったわけです。しかし、組織やチームのマネージャーとなった瞬間から、個人としての優秀さをどれだけ訴えても、組織やチームにとってはマイナスでしかありません。

マネージャーは自分の優秀さを目指す立ち位置から「いかにチームを良くするか」という立ち位置に変える必要があるのです。

場合によっては課長ぐらいまでは自分の優秀さだけでもなんとかなります。自分が200%働けば、その組織のパフォーマンスを高めることはできてしまうのです。

ところが部長以上になっても、そのやり方を続けると組織が破綻します。自分以外のメンバーが100％以上の力を発揮できるように立ち振る舞う必要が出てくる。マネージャーとしての立ち位置がまったく違ってくるのです。

これができずにストレスを抱えるマネージャーはとても多いのです。とくにマネージャーになりたての人は、自分の力だけでやろうとして（それがマネージャーとしての自分の力を試されることだと考えてしまって）、メンバーが自分と同じようにできないことに腹を立てています。

そして、さらに良くないことには、そのことをメンバーに強くぶつけてしまい、どんどんメンバーが離れていってしまうのです。

5．想定外でもブレずに動けること

え、こんなこと考えてなかったよ。まさか、こうなるとは――。

マネージャーの周囲では「想定外」の出来事がしょっちゅう起きるものです。

そこで「想定外」というのは自分の「想定の範囲」が狭いことを宣言しているようなもの。

ですから「想定外は理由にならない」と思うのです。

身近な場面でも、想定外を思い知らされることがあります。たとえば、研修などで異業種のメンバーと同じ課題に取り組んだときに、社内ではそれなりに評価されていた自分のスキルややり方が、社外で「まったく役に立たない」とわかって愕然とするのです。あるいは、それとは逆に、社内では評価もされていなかった「意外な実力」が評価され、自分を再発見することもあります。

どちらにしても、想定外はあります。大事なことは、そうしたときに、マネージャーとしての本来の動き方、あり方、フォロワーとしての動き方、あり方を見失わずにいるということです。想定外でブレブレになってしまうマネージャーにメンバーはついていきたいとは思いません。

優秀なマネージャーのやるべき大事なことは、これら5つの要素の掛け合わせであるということです。

では、優れたプレーヤーから優れたマネージャーに移行するには、具体的に何をどう意識して行動すればいいのか。逆に言えば、同じ命題や課題に対して「優れたプレーヤー」がやっていることと「優れたマネージャー」がやるべきことには、どんな違いがあるのか。

次の第1部では、優れたマネージャーの命題ともいえる40のポイントを抽出しました。

そこでは、私が置かれた、いろいろな修羅場体験や不条理な状況と対峙した体験を元にして、優れたマネージャーの真実を明らかにしていきます。

「理論」ではなく、実際はこうなのであるという具体的な「行動」や「思考」、そして「心の持ちよう」を知っていただき、皆さん自身は、今現在、どのようなタイプなのかも発見することができるようになっています。

それでは、一緒に「優れたマネージャー」の扉を開けていきましょう。

第1部

優秀なマネージャーになる人の40の習慣

PART 1
The necessary of
becomimg an excellent manager.

01

優秀なプレーヤーで終わる人は
自分を元気にする

優秀なマネージャーとなる人は
チームを元気にする

単純なことのようですが、優秀なプレーヤーで終わる人と優秀なマネージャーとなる人のわかりやすい違いが、ここに表れます。プレーヤーは自分のことや自分の仕事に一番の関心があり、自分に対してエンジンをかけます。

もちろん、それは悪いことではないのですが、マネージャーとなると関心を向ける先が自分ではなくなってきます。その場の空気を的確に読み取って、多くの人に働きかけることをするのがマネージャーです。

皆さんに身近な例で言いましょう。朝、オフィスに入ってきたとき、プレーヤーは自分のペースでスーッと入ってきてPCを立ち上げ、いつの間にか仕事を始めています。

マネージャーは、オフィスに入るといろんな人の顔を見たり、声をかけたりしながらまわりに着火していきます。これは体育会系のノリとは違います。**無理に盛り上げていこう**

というのではなく、場の状況を感じ取って、相手を見て声をかけるのです。私も本当は、キャラクター的には黙って仕事に取りかかりたいタイプなのですが、マネージャーとしてはそれではいけないので意識的に変えてきました。

とくに、若い頃から優秀とされてきた人は要注意です。こういう人は自分に関心が向きがちで、まわりの人への関心の優先順位が低くなりがちです。

マネージャーとして成果をあげていくには、まわりのメンバーから「この人と一緒に働きたい」と思われることが必要十分条件です。そうなる理由は二つ。一つは「この人みたいに仕事ができるようになりたい」という仕事上の尊敬を持たれること。もう一つは、「この人は自分を受け入れてくれている」という安心感があることです。

優秀なプレーヤーで終わる人も、仕事上の尊敬は持たれています。ところが、まわりの他者を受け入れる「開放感」が乏しいケースが多いのです。まわりとコネクトされていない。自分が閉じられている。

若い人たちの評価をする場合にも、「将来、この人は化けるかどうか」を見るのに「閉じている人」か「開いている人」かという表現をしたりします。

周囲に対しても開いている人は、自分や他人の失敗も成功も全部受け入れます。そして修正も早い。周囲に対して閉じている人は、失敗したときも自分の正当性を説明することにエネルギーを使うために、そこから学んだり修正することが弱くなり、結果として伸びしろが少ないのです。

ただ、自分でそのことに気づくのは難しい。なぜなら「今」、そのときだけのアウトプットを見れば、閉じている人ほど優秀なプレーヤーであることが多いからです。

マネージャーとしてのポテンシャルを考えると、自分が「開いている」ことはとても大きく影響してきます。

自分が「閉じている」と自分に空きスペースがないので、熱量が伝染してくることがありません。他者から刺激を受けることができないのです。自分が「開いている」人は、常に空きスペースがあるので、いろんな人と繋がることができます。

また、自分が開いているか、閉じているかというのは、逆境でのメンタルにも影響が出てきます。

全日本チームのキャプテンも務めた、あるアスリートが引退後のキャリアで悩んでいたのですが、見事に「閉じている」状態でした。それまでは自分が強いリーダーシップでみんなを鼓舞してチームをつくってやってきた。しかし、あることがきっかけで自信をなくし、何をやってもうまくいかないという状態に陥っていたのです。

彼は、それまで自分が実力を発揮し、自分が優秀な成績をあげることで結果的にチームを率いてきたわけですが、それができなくなった途端に、自分の弱点を目の当りにすることになりました。

それまで自分をいかに強くするかということだけに意識も行動も集中してきたために、それ以外の〝勉強〟を何もしてこなかった。空きスペースをつくって他者を受け入れる経験をしてこなかったのです。

けれども、自分にはそれまでの「デキる」という自負やプライドもある。だから、何もできない自分というのは常にリーダーシップをとってきた自分として許せないし、そんな姿は人に見せられない。

自分を「守る」ために、余計に「閉じている」状態になり、さらに周囲とうまくいかなくなるという悪いループにはまってしまったというわけです。

自分のためにという軸でずっと動いてきた優秀なプレーヤーであればあるほど、自分が閉じてしまっていないか気にしてみる必要があります。自分を元気にするのではなく、チームを元気にするためには、自分を開いてみんなを受け入れる準備が大切なのです。

02

優秀なプレーヤーで終わる人は
自分を守る
優秀なマネージャーとなる人は
まわりを守る

マネージャーになると、自分がマネージャーとしての役割と責任を果たそうとするあまり、どうしても自分の仲間を自分の戦略を達成させるための「コマ」や「ツール」、「戦術」のひとつとして見るようになる傾向があります。

まわりの人をケアしようという気持ちが薄れるのです。

そうなると、ここぞというときに、みんなが動いてくれません。想定外のことが起こったときに、お互いをケアできていないチームでは動いていくことができません。

よく、欧米の人に比べて日本人はチームプレーが得意で、お互いをケアし合えていると言いますが、実際は違うと思います。どの国の人でも、まわりをケアする気持ちがある人がいるかいないかの違いだけです。

私が、京王プラザホテルから在オランダの日本大使館に出向して働いていたときのことです。当時の竹下首相が訪蘭することになり、大使館はその受け入れ準備で大わらわになったことがありました。

何日もまともに寝る時間もなく仕事をしました。一緒のチームで働いていたのはオランダ人のエリート2名。

二人は「こんなに働かされたことはない」と言い切っていましたが、それでも、大使館近くのホテルのトリプルの部屋で2時間睡眠のような毎日を文句も言わずやってくれたのです。

私はこの受け入れ準備に就く前に、その2名とは公私にわたって深いつきあいをしていました。当時私はまだ26歳でしたが、若造なりに彼らの悩みや困りごとに友人として耳を傾け、全力で支援してきました。だからこそ、私の一大事のときには彼らもキツイけれどやってくれたのだと思います。

どうすれば、そんなふうにお互いをケアできる関係がつくれるのか。簡単なことです。ちょっとしたことでも、相手のことを大事に思って、その思いから行動を起こす癖をつければいいのです。

たとえば、大切な相手と会食をしていて、そのとき料理に出された、ある農園のパイナップルをとても相手が好きだと言っていたら、そのあと、すぐにそのパイナップルを手配して送ります。ただし、ただ送ればいいというわけではありません。その時期にその人が好きそうな良いパイナップルが出荷されていないとしたら、後日、場合によっては翌シーズンに送ります。

これは「I care for you」の気持ちを表しています。ただ、これが自然にできる人とできない人がいます。自然にできる人は誰かに大事にされた経験があるはずです。

大変なときでも、自分のことを最後まで守ってくれたという親や先輩、上司がいた人は、マネージャーになって自分が厳しいお願いをしなくてはいけないときでも、相手に拒絶されることがあまりありません。

その言葉や行動の中に、最後まで相手を「守る」という意識が表れているからです。

自分はそんなふうにされたことも、したこともないから相手をケアして守ることなんてできないという人もいます。でも、それをあえてやらないとネガティブサイクルで自分もまわりも苦しくなります。

逆に言えば、自分がちょっと、そうしたケアをやってみるだけで状況は変わるのです。

自分がまわりの人のために行動するようになると、それを誰かが必ず見ていて、今度は不思議と自分を助けてくれる人が現れてきます。とくに、大事なのは自分よりも上の人たちが、自分をどう見てくれるかということです。

優秀な若手プレーヤーほど、まわりの人や上の人は「お手並み拝見」となって、手助けしようとしません。そこで、デキるやつだと思われるのはいいことですが、その代わり、まわりや上の人が、自分を投げ出して何かその優秀なプレーヤーのためにやってあげようとはならないのです。

マネージャーとなって、自分がいざという状況に置かれたとき。そこで、まわりや上の人から守ってもらえるのは、プレーヤー時代から、あるいはマネージャーになってからでも「まわりの人のために」行動することを意識していた人です。

03

優秀なプレーヤーで終わる人は
悪い情報を遠ざける

優秀なマネージャーとなる人は
悪い情報が最初に届く

「どうして、そんなことになったんだ！」

悪い情報が届いたときに、報告内容に腹を立てて、その報告をしたメンバーに怒るマネージャーがいます。これは「メッセンジャーを打ちのめす」と言われるような行為。そういうことをマネージャーがしていると、誰も悪い情報を届けることをしなくなります。

人間は自分の想定を超えるような、良くない話に対して感情的になるものです。その感情をコントロールできずに目の前の相手にぶつけてしまっても何の意味もありません。

いつもキリキリしていて、何か言ってもすぐに跳ね返されそうな硬直したイメージのあるマネージャーには、まわりから見たときに「安心感」がありません。どんな場面で何を言っても大丈夫だという安心感がマネージャーにないと、悪い情報が一番最後にやってくるようになります。

これは、昔の私の切迫した課題でした。やたら忙しく、ちょっと気に障るような良くないことがあると〝瞬間湯沸かし器〟と陰で言われるぐらい怒り狂っていた当時の私に、わざわざ悪い情報を届けたくなるメンバーなんていません。

そうなると、もう完全に打つ手がないという最後の最後になってようやく悪い情報が報告されるのです。

優秀なマネージャーは、どんな問題がやってきても自分を乱されない器を持たないといけません。心に静かな水面を持つイメージ。これは鍛錬の問題です。

たとえば、思わず感情的になりそうな話がやってきたときに深呼吸をしてみるとか、あえてメガネを外してみるとか、何でもいいので何かテクニカルなことをとっさにできるようにするだけでも大きく違ってきます。

ほかにも「心に静かな水面」を持つために、私がチャレンジして良かったことは、こんなことです。

・メールは即レスしない

ムカッとしたメールに対しては、

- 一晩寝てから返す
- メールで来たものにメールで返信しない（直接会って話をしたり、電話するようにした）

想定外なことが起こると、自分を守ろうとして無意識にいろんな部分が硬直し、思考や行動が雑になるので、硬直を外してリセットしてやる必要があるのです。

優秀なプレーヤーには、悪い情報を察知する能力があります。ただ、自分を守ったり優位にするためにそれを利用しようとするのと、悪い情報を受け止めてチーム全体のためにどうすべきかを考えるのでは、まったくベクトルが異なります。

優秀なプレーヤーやマネージャーになりたての人は、自分が悪い情報を見つけたことを評価してほしいという想いがあります。そのために、やたら悪い情報を拡散したり、なぜそうなったのかを分析して、話題になることで満足したりするのですが、それでは組織にとってマイナスです。

悪い情報をもとに「じゃあ、どうするか」を考えることが本質です。「私が見つけたんです」「私が最初に気づきました」と言いたいのか、チームの評価やメンバーを守るために考えたいのかの違いです。

若いマネージャーほど、まわりから早く認められたい欲求が強いので、悪い情報が届いたときほど組織の中で激しい動きをしてしまいがちです。

たとえば「Aさんが、こんなことをしてしまっている」という良くない情報が入ってきたときに、経験値の浅いマネージャーは「よし」とすぐに行動を起こします。「ちょっと、Aさんが、こんなことをしてしまっていると聞いたんだけど本当？」と、いろんな人に聞いて回るのです。

悪い情報に対して素早く対処しているつもりですが、やっていることは「悪い情報の拡散」です。Aさんのことを本当に心配しての行動であっても、結果的にはマズいことをしてしまっています。

あるいは、自分でちゃんと考えて判断することができないので「みんながそう言っているから」という言い訳を自分で収集していることになるのです。

悪い情報を聞いたとしても、直感的に「ちょっと違うな」と思ったら、自分の感覚のほうを信じられるくらいのマネージャーを目指しましょう。

04

優秀なプレーヤーで終わる人は指示命令で人を動かす

優秀なマネージャーとなる人は自発的に動きたいと思わせる

マネージャーとはメンバーに的確な指示命令ができる人である。

そんなふうに思っている人も少なくありません。もちろん、間違いではない。けれども本当に優秀なマネージャーは、指示命令では人を動かさないのです。この感覚を理解するのは最初はちょっと難しいと思います。

私が、この感覚の理解を助けるために、よく説明に使うのが「太鼓の音」と「弦楽器の音」の違いです。

ちょっと思い出してみましょう。太鼓の「ドン！」という音は、その音の中にいろんな音を吸収してしまうので「ドン！」という一つの音にしかなりません。たとえるなら、声の大きい人にまわりの声がかき消されてしまうような感じです。

それに対して弦楽器が奏でるハーモニーの音は、いろんな音が重なり合っています。

自分に自信のある優れたプレーヤーは、大きな「ドン！」という太鼓の音で、できるだけ大勢の人を動かしたくなります。たしかに指示命令をするには、ひとつの大きな音を出すのは効率的ですが、その指示命令が常に正しいとは言えません。

また、「ドン！」という大きな音は、その中に、本当は弱い音しか発していないメンバーや、出すべき音が外れてしまっているメンバーがいても、マネージャーやまわりからはわからないのです。

これが「ハーモニー」の場合だと、音が弱かったり、音を外していたり、うまく出せないメンバーがいるとマネージャーもまわりもすぐに気づくことができます。当然、チームとしてひとつの音を出すために、お互いの出している音を意識し合いながら演奏することになります。

太鼓の「ドン！」で指示命令をするのが「求心力型マネジメント」だとすれば、お互いの音を意識し合いながら、みんなで音を重ねられるように指揮するのは「遠心力型マネジメント」です。

優秀なマネージャーは、この「遠心力型マネジメント」を行います。そのほうが、メンバーが自分のやっていることを実感しやすいからです。

ただし、指示命令で動かさない「遠心力型マネジメント」を行うには、マネージャーもフォロワーのメンバーも、お互いに「何を期待されているのか」が、こと細かく指示されなくてもわかっていないとできません。そういう意味では指示命令の「求心力型マネジメント」よりも難易度は高いのです。

優れたプレーヤーで終わる人は、常に自分が誰から評価されているかを気にしています。そのために、自分に太鼓で「ドン！」と課題を発した人の顔をよく見ています。それは悪いことではないのですが、その相手に答えがあることがスタートになっています。そのために、優れたプレーヤーで終わる人ほど相手にこと細かく意図を確認したがる傾向が強いのです。

優れたマネージャーとなる人の場合は、相手の意図のさらに先にある「何のため」という本質的な課題を考えます。答えを探すベクトルとは違ってくるわけです。

なぜ、評価を気にするプレーヤーが相手の意図を細かく気にして、答えを探そうとするのかと言うと、自分が出した答えが違っていたときに「こう言いましたよね」という保険をかけておきたいからでしょう。

職制が上の人が、太鼓で「ドン！」のマネジメントをしていると、そのチーム全体の力は弱くなります。10人のメンバーがいても10の力にはなりません。一つの音に集約されてしまうので、大きくても3ぐらいの力にとどまってしまうのです。

ハーモニーを奏でるように自発的にメンバーが音を出すべくマネジメントしていくと、それぞれが良い音を出しながら、みんなと音を重ねてさらに良い音に仕上げていくので、10人の音が20にも30にも大きくなります。

ずっと太鼓の「ドン！」という音しか聴かない組織で育ってきた場合は大変かもしれません。**指示を共有しないと動き出せないので、どうしても変化対応力やスピードが弱くなるのです。**

もし、そういうメンバーが皆さんのチームにいたら、その人がダメなのではなく、どういう育ち方をしてきたのかを確かめ、どういう人と一緒に仕事をさせれば、ハーモニーを出せるようになるのかを考えることもマネージャーの大切な仕事になってきます。

05

優秀なプレーヤーで終わる人は
プロセスがブラックボックス

優秀なマネージャーとなる人は
プロセスをコントロール

マネージャーの仕事を要約すれば、自分自身の成果よりも組織力のほうを大きくすることです。組織力とは「周囲に良い影響を与え結果を出せる人」を増やすことです。

そのためには、組織として目指す結果・ゴールを決めなければいけません。組織、チームとしてどこを目指し、何を達成すれば結果が出たと言えるのかが定まっていなければ、メンバーは前に進むことができません。そして、その上で、プロセスをちゃんとコントロールしていかないと、本当にそこまでたどり着くのかどうかわからなくなります。

ところが、プレーヤーとして優れた人であるほど、プロセスがブラックボックスになっているケースが多いのです。自分が自然にできてしまうことが多いために、本人ですら、なぜ目指す結果を出せるのか、ゴールにたどり着くことができるのかわからないことも少なくありません。

そうなってしまうと、マネージャーになったとしてもまわりにプロセスを分解して教えることが難しくなります。「なぜ、そうなるのか？」と聞かれても説明できないからです。

そもそも結果を出そうと思ったら、その結果が起こるための要因とプロセスをつくらなければなりません。要因を考えてつくっていないのに結果が出るのは、優秀だからではなく「たまたま」です。

要因づくりをしているのに結果が出ない。そんなときは、結果が出ない理由を分析していきます。このとき、やっていくのは「詰将棋」「体制づくり」「情報の共有」についての分析です。

❶詰将棋

これは「結果を出すためには、これができていなければいけない」という要素を明らかにするためのもの。ＫＰＩ（Key Performance Indicators）を分析するときのイシューツリーのようなものです。

優れたプレーヤーほど、ロジックの組み方は何パターンもつくれるので、他の人の考え方を取り入れるということが難しくなります。なので、チームで動く前に一人でこれをやるのはお勧めしません。

たとえば、中期経営計画などをみんなでつくるのがポイント。優れた人が一人でつくることはできます。ですが、その計画をやる人が、言われたことをやるときに「腑に落ちていない」という状況が生まれやすくなります。なので、誰が何を何のために担当するかという話を、事前に半日でもオフサイトでやっておきます。1年か半年に1回時間を共有することはなんてことないのですから、ぜひやってみましょう。

❷体制づくり

結果が出る要因づくりをしているのに結果につながらないのは、関わる人の意識や目的などがバラバラになっていることが考えられます。そこで、関わっている人同士を「繋ぐ」ことが必要になります。お互いのことをよく知っているという状況をつくるのです。

今、どんな思いを持って仕事をしているのか、何に誇りを感じているのか、どんな課題を抱えているのか、といった深い部分をお互いに知っているようにする。表面的に「あの人は知っている人」という程度では、本当の意味で人は繋がることはできません。

そのためには時間を共有するしかない。コミュニケーションの質は時間を共有している量に比例するからです。

大事なのはコミュニケーションがうまく取れない、あるいはいろんな事情でコミュニケーションが取りづらい状況にある人と、ちゃんと繋がっていくこと。そのために私は、CCC時代は徹底的に対話をしました。

COOという役職であれば、人を選ぶ権限もあります。ですからコミュニケーションが取りやすい人だけを選べばいいという考え方もありますが、それでは組織は動かず、結果を生むプロセスもつくれません。

こちらから対話をするようにすると、相手がどんな考えの持ち主かが見えてきます。自分と同じような感覚を持っていて、お互いに好感を持てる人とは1カ月か2カ月に1回会えば大丈夫。ちょっと感覚が違うなという相手とは、昼食をできるだけ一緒にとって、互いの接点を探していきます。明らかに考えが違っている相手とは、飲みも入れて夜ご飯を一緒に食べに行くという工夫をします。

中には、どうしてもお互いに「苦手」「嫌い」という感覚を払拭できず、何を話しても「ムッ」となるような人もいます。過去に私も、そういう相手が二人いました。たとえば、私が「この前入った◯◯君いいね」と言うと「そんなことないですよ」と即答でバッサリ返されるといった具合です。

その二人とは個別に、延々7時間飲むというようなことをしました。食事だけだと時間が短いので飲むことをしたのです。それでどうなったかと言えば「この彼は、確実に自分と違うふうに見る人だ」というのがわかりました。

「自分が良しと思うことは、彼は良しとは思わない」というのがわかったわけです。それがわかるだけでもコミュニケーションのロスもストレスも減ります。この相手は必ず自分と逆を言うということがお互いに最初からわかっていれば、準備もできるからです。最初はそれがわからなかったために、ただの衝突が起こっていたのです。

気が合わない相手ほど、むしろ意図的に時間を持ったほうがいいのです。気が合う相手とは、意識しなくても話しているのですから。

キャドセンターの再建の仕事をしていたときには、秘書に頼んでメンバーの顔写真をマグネットに加工してもらって、部屋に貼っておきました。話をした人のマグネットは上のほうに上げていきます。

そうすると、やはり気が合う人とはよく話すので、マグネットが上に行き、気が合わない人のマグネットが下のほうに溜まっていきます。そこで、下のほうに溜まったマグネットの相手と、とくに用がなくてもこちらから席に行って話しかけるということをやっていました。

❸情報の共有

チームの中に、ひとりでも「自分は関係ない」と考える人や「自分は必要とされていない」と感じてしまう人がいると、プロセスが回っていきません。そこで、チームの成果をどんどん書き足して、情報を共有し、巻き込まれる人を増やすことが重要です。

巻き込まれるというのは、受け身で仕方なく巻き込まれるのではなく「よし、やりましょう！」と自分からエンジンをかけていく人のことです。

そこで考えたいのは「巻き込まれる人が増える」情報の流し方です。これはLILI（リリー）の原則と呼んでいます。（「LILI」は米国Mercerの商標登録です）

● LILI（リリー）の原則

L：listen（意識して聞く）
I：inform（伝える）
L：lead（導く）
I：involve（巻き込む）

● LILIの原則を考えない悪い例

こんな課題がある ↓ こういうふうにする ↓ 皆さんよろしくお願いいたします。

お願いする側とお願いされる側という構造を自ら設定してしまっているので、同士意識が生まれにくい。

● 「いい」の原則を考えた良い例

こんな課題がある ↓ みんなで議論しよう（この時点でみんな参画している）↓ こんなアイデアがある ↓ それなら自分はこんなことができる（みんながどんどん巻き込まれていく）

マネージャーになりたての人にありがちなのは、自分を完璧に見せようとすること。みんなに意見を求めるという行為が、自分に能力がないのではないかと思われることが怖くてできないのです。

これはまわりからすると、すごく仕事がしにくい。なので、マネージャーはどんどんみんなを巻き込みながら聞いたほうがいいのです。そして聞いたあとは、聞きっ放しではなく、ちゃんと意思決定をし、なぜそのような意思決定をしたのかの説明をすることも大切です。

これらのプロセスの1〜3をちゃんとやっているのに、それでも上手くいっていないとしたら、組織が〝集団皿回し〟の状態になっている可能性が高いと思います。みんなが自分の皿を回すのに手いっぱいで、他のことができない。しかもそれが集団化している。

ですから、何か新しいことをやろうとしてもできない。皿が多いと落ちてしまうからです。そこで、「人が足りません」と言って、人を入れるわけですが、教えることができない。自分の皿が割れてしまうからです。

そして、満足に教えてもらったりフォローもされない新しい人たちが続かずに、慢性的に人が足りない、残っている人の負荷が高いという状態が続いているのが〝集団皿回し〟をやっている会社です。

こういう状態では何をやっても上手くいきません。

どうやって「忙しい」をコントロールしていくかが悩ましいのです。そうしないとデキる人が倒れていってしまう。仕事がデキる人には、さらに難しい仕事がアサインされるようになるので、負荷が雪だるま式に膨らみ、やがて仕事以外のことに一切時間を割くことができなくなり、会社を辞めざるを得ない事態に追い込まれるケースも出てきます。

これをどうにかするには、マネージャーが時間をつくり出すようにケアするしかありません。時間は有限なので、新しい時間をつくろうとしたら何かをやめるしかありません。**たとえば、部下から新しい提案を受けたとします。それが良いものであれば採用しますが、同時に「代わりに何をやめるか」を聞いてください。**

新しいことを始めるときには、代わりに何をやめるかを決めないと、どんどん仕事は増えていきます。しかも悪いことに、適当にやる人やズルい人は、うまく仕事を手放していきます。そうすると、真面目な人はずっとやっているという状況になってしまうので、「やる」と「やめる」はセットにすることを原則にしておくのです。

「やめる」を最終的に決めるのは、本人ではなくマネージャーです。メンバーがなんとなくやめていくことを容認していると、結果を生むためのプロセスコントロールができなくなるので注意してください。

06

優秀なプレーヤーで終わる人は
人の表面を見る

優秀なマネージャーとなる人は
人の裏側がわかる

私が京王プラザホテルで働いていたときの話です。当時の職場はちょっとズレていました。なぜかというと、その頃、京王プラザホテルで働いていた管理職の方々は、ほとんどが親会社の電鉄から出向してきていたわけです。その人たちにしてみれば、まあ大過なく自分の勤務を終えることができればいいというスタンスです。

良い人たちなのですが、とにかく事を荒立てたくないし、改革もしたくない。そのために、現場ではいろんな問題がありました。

「これではいかん」と、現場の部署を回って話をしました。夜勤は午前4時半から午前6時半ぐらいまでは比較的余裕があるので、その間に「人事の仕組みがおかしいよね」など、いろいろな問題点について話していました。

そんなある日、闇夜で私を手招きする人がいるのです。行ってみたら組合の委員長でした。「お前、そんなに文句があるなら組合に来い」と言うので、「わかりました、行きます」と即答しました。

組合の団体交渉に出て「賃金はいいですから、人事制度をホテルで働く人向けにしてほしい」と言ったら、また私を呼ぶ人がいた。社長でした。「お前、そんなに言うならちょっと人事をやってみろ」と。「わかりました」と言って、現場から人事に回ったのですが、人事にいながら組合の役員でもあるという不思議な状況で、人事制度を見直していくことになりました。

これが大変でした。私の提案は3回もボツになり、一緒に進めていた上司も次々に飛ばされていく。総論賛成でも、最終的には決議されないのです。私が提案したことは「ホテルのプロパーが管理職になれる制度にしてほしい」という、ただそれだけです。でもそれが通らない。

3回目にボツになったときにはさすがの私も頭にきて、しばらくグレていました。勤務は5時半に終わるのですが、5時29分ぐらいからタイムカードの前をうろうろして、30分になった瞬間にタイムカードを押して帰る。そんな毎日でした。夜が暇になったので、中小企業診断士の資格を取得したり、水泳のバタフライを覚えてみたり、有意義な時間を過ごしていましたが。

ところが、ある日のこと、「柴田、（人事改訂を）もう一度やるぞ。大事なことだから」と、ホテルのプロパー1期生だった部長が言うのです。3回目の答申案と同じものを提出したら、あっという間に通ってしまった。「え、どうして？」となりますよね。前回まで反対した人たちが全員、賛成に回ったのです。

あとで部長に話を聞いて「なるほどな」と思いました。意思決定の場にいたほぼ全員が親会社である電鉄からの出向組で、プロパーが上に上がれる制度はその人たちに「帰ってください」と言っているに等しい制度だったのです。

総論としては賛成でも「俺が帰るのは嫌だ」ということで進まなかった。そこで部長がやったことは、親会社の人事部門と社長にかけ合って全員の今後のキャリアをはっきりさせてきた。そうしたら、あっという間に通ってしまった。

そのときに思いました。正論が抵抗にあって通らないときは、その裏に何らかの事情がある。それを理解せずに正論を振りかざしても、ものごとは動かないのです。

優秀な人であればあるほど、順風満帆な人生を歩んできた人はいません。必ず挫折をどこかで経験しています。だからこそ人の痛みや弱さもわかる。人の裏側にある見えない過去の痛みや弱さをどれだけ推し量ることができるか。これも優秀なマネージャーの器なのです。

07

優秀なプレーヤーで終わる人は
曖昧さを排除する

優秀なマネージャーとなる人は
曖昧さを許容する

マネージャーが組織やチームを動かしていくには「厳密さ」と「曖昧さ」を両方追求することが必要になってきます。どちらか一方だけではダメなのです。

これは仕事においても対人関係においても言えます。いろんな複雑な要素を厳密に整理しようとすればするほど、じつは抜け落ちていくものがあるのです。

一般的に用いられるのが「要素還元法」の考え方です。複雑なものを分解して比較的単純な要素にして、その中でどれがもっともインパクトがあるかを探って手を付けていくというやり方。これは頭の体操としてはいいのですが、現実の世界でやると、うまくいくとは限りません。

人間の体を一度バラバラに分解して、良くない部分を取り除いてから元に戻すということができないように、必ずどこかで目に見えない大事な要素が抜け落ちるのです。

これを防ぐには「曖昧さ」をどこかで残しておくことです。全体で100の要素があれば、厳密に整理するのは80ぐらいにとどめておく。私の経験でも、あまりすべて完璧に白黒ハッキリさせないほうが結果としてものごとがうまくいくことが多かったです。

さらに言えば、現在の私たちを取り巻く状況は、やるそばから変わっていくことも珍しくありません。比較的静的な状況が長く続くのであれば、厳密にすべて決めておくのもいいかもしれませんが、動的に変化する状況では、曖昧さを残しておくほうがかえってスムーズに対応できることも多いのです。

対人関係で言えば、こちらがあまりに厳密すぎると相手は逃げ場がなくなります。相手がやってほしいことをやってくれない状況でも、曖昧さを排除し過ぎると、相手は思いがけない行動をとることもあります。

正論を突き詰めていったあまり、お互いに不幸な状況になるのなら、あえて「ここは言わない」という選択肢も残しておくほうがいいと思います。

マネージャーにとって大事なのは、目に見えないことをどれだけわかっているか。目に見えないことで、代表的なものは「人の気持ち」です。これは直接は目に見えません。

過去に何があって、それが現在にどのような影響を与えているか。そのことを知ったうえで組織を動かしたり、メンバーにメッセージングをしていかないと、正論だけではなかなか人は動かないのです。

正論はすごく危険なものです。なぜなら、今の正論と過去の正論は、状況が違えば異なるものだからです。過去にその人にどういうことがあったのかによって、その人のその状況における正論がつくられます。こういったことを、ちゃんと理解しなければ人は納得して動きません。

そのためには、その瞬間だけでなく、長く付き合って相手を知っていることが必要になります。相手のいろんなことを知っていれば「曖昧さ」も許容できるからです。「正しさ」や「明快さ」を追求することはマネージャーとして大事なことです。が、追求しすぎない。この見極めがもっと大事なのです。

メンバー全員に同じような高いレベルを要求して達成させることが最良とはかぎりません。あるところまできたら「曖昧さ」も許容する。このバランス感覚があってこそ、組織は常に〝のびしろ〟を保てるのです。

08

優秀なプレーヤーで終わる人は
デキる人は自分だけでいい

優秀なマネージャーとなる人は
デキないメンバーをつくらない

よほどのことがない限り、どんな人でも「明らかに自分に向いていないこと」というのはわかるものです。それなのに、本人がその仕事に向いていないとわかっていないまま「仕事がデキない」という状態に置かれてしまっている人が出てきます。

いったいなぜ、そんなことになってしまうのか。その人そのものに問題があるというよりも、その人を取り巻く環境がその要因をつくってしまっていることがあるからです。

とくに大きいのが周囲の認知です。マネージャーがその人に対する評価を人前で話していると、評価だけが独り歩きしてしまっておかしなことになります。「あの人はこうだから」という認知を周囲がしてしまうことで、本人のパフォーマンスが制限されたり、期待値も変えてしまうのです。

「あいつは○○だからダメだな」という言動をマネージャーがしてしまうと決定的。そういう認知が広がることで、マネージャーが思っている以上に「本当に」その人をダメにしてしまうのです。

もし、そのメンバーを仕事がデキないから外すとするのなら、その代わりにそのメンバーが良いパフォーマンスを発揮できる役割を探すこととセットでやりましょう。

そもそも、ダメ出しされた本人に「自分はデキない」という自覚がないと、何がダメなのか、どうしたらいいのかわからず戸惑います。

しかし、そのまま何もやらないわけにはいかないので「何か」するわけですが、その何かはすでに組織のパフォーマンスにつながることから外されているので達成感はありません。評価も当然のように低い。そうなると自分はそんなものだ、という自己認識が固まり、本当にデキないメンバーを生み出すことになってしまうのです。

では、マネージャーはメンバーみんなの前で何をすればいいのかというと、メンバー個々が「自分が活躍できている」と実感できるような状況をつくることです。

優れたマネージャーは、メンバーがみんなのいるところで自分の意見を言えるような空気をつくったり、みんなの前で褒めたりして「あの人はデキる人」という周囲の認知や自己認識ができるようにするのを心得ているのです。

もともと個として優秀なプレーヤーは、あまり他人から教えられなくても自分でできてしまうことがあります。そのために、そんな自分を基準にして「デキる」「デキない」の評価を決めてしまいがちです。

本来は、教えてもいないことがデキるというのは「ない」ことです。1を言って10理解できるというのは凄いことですが、みんなに当てはまるものではありません。自分が教えもしていないことで評価をするのは理にかないません。

最初から期待通りに動ける人も、ほとんどいません。期待通りに動いてほしいのなら、それなりに時間を費やすべきです。

パフォーマンスが悪い人を「ローパフォーマー」と呼ぶことがありますが、ナンセンスです。状況によって、誰もがハイパフォーマーにも、ローパフォーマーにもなります。大事なことは個々の「人」だけを見て、ハイだとかローだとか色分けするのではなく、その人を取り巻く「環境」を見ること。その環境をつくり出すのはマネージャーです。マネージャーが、その人を取り巻く環境を分析し、改善することもせずに個々のダメ出しばかりするのは、天に向かって唾を吐くようなものなのです。

09

優秀なプレーヤーで終わる人は 会議を軽く考える
優秀なマネージャーとなる人は 会議術を心得ている

会議を上手くやれるかやれないかでその会社の生産性や将来性、あるいは課題がよくわかります。

私がコンサルティングをお受けしたときには、まずはその会社の経営会議を見せてもらいます。その会社の会議を見ればいろいろなことが見えてきます。会議に凝縮されているのです。

そもそも多くの人が会議に参加したくないと思っています。理由はいろいろありますが、ひと言で言えば「やってはダメな会議」をやってしまっているからです。

やってはダメな会議の典型は、こういうものです。

❶一番偉い人が一番長く話している

会議は、自分が発言し、まわりも発言をし、気づきを得る場。お互いに確認し発信する場なのに、それができていない。

❷時事放談になっている

参加者は自分が関係ある所は聞くが、他には興味なし。全国営業会議に行くとよくある光景。何のためにみんなが集まっているかわからない。会議の締めは「では、皆さんよろしくお願いします」で終わる。

誰が何をお願いされているかわからない。そして、会議が終わってから、喫煙所やトイレで「あれはこういうことだったよね？」と確認していたり。なぜ、会議の場で確認をしないのか。

そもそも会議とは、何らかの目的があって行うものです。情報共有なのか、ブレストなのか、課題を絞り込むのか。マネージャーは会議を行う前にアジェンダを決め、それをメンバーに認知してもらって必要な準備をしてもらえるようにしないといけません。

また、会議の仕組みとして「ファシリテーター（促進役）」という進行担当を置くことも効果的です。ファシリテーターは議長とは異なります。議長は、その会議を設置し参加者を決める権限を持っています。

それに対し、ファシリテーターは参加者全員を議論に参加させ、アジェンダに従って「確認」作業を行い、会議の目的を達成させるように導くことが役割です。

ダメな会議では、言いたいことを言いたい人が言うだけです。会議の目的に照らし合わせて、何が決まっていて何が決まっていないのか、関係なく進んでしまいます。そして時間が来たら「では、このへんで。あとは各担当者で詰めてください」で解散。

これでは、わざわざみんなを集めて会議を行う意味がありません。「確認」を常に行えるファシリテーターは絶対に置いたほうがいいです。

ただし、一番偉い人をファシリテーターに置くと、会議が「御前会議」になってしまうので避けましょう。

「良い会議」を行うことができる優秀なマネージャーは、次の7つの秘訣を心得ています。

《良い会議の7つの秘訣》

❶今はブレストをやっているのか、合意形成なのか、はっきりさせる

自由に意見やアイデアをぶつけ合うブレストだと思っているのに、じつは合意形成だっ

たということになると、ブレストだと思っている人はイライラします。「これから15分間ブレストしましょう」とはっきり宣言して進めるほうがブレストに集中できます。

ただ、日本人はブレストを苦手に感じている人も少なくありません。口が達者な人だけが話す傾向があるからです。そういう場合は、自分の意見やアイデアをポストイットにかいて大きな紙などに貼っておいて、そこからブレストをするという工夫も必要です。

❷会議が終わったら、今日は何をやったか確認する

1時間の会議のあとで、何を話し合い何が決まったのか明確になっている会議は少ないと思います。会議をしたことは覚えているが、何をしていたのかはわからない。

以前、ある外国人にこう言われました。

「日本人は会議が終わりそうになると、マジックワードを言って次々に去っていく。その意味がわからない」

彼が言ったマジックワードとは「じゃ、そういうことで」という会議の締めの言葉。

いったい何が「そういうこと」なのか。

営業担当者は自分の営業管轄のことだけ。マーケティング担当者はそのことだけ。他の部門のことには興味関心がないので、会議全体としての成果を確認し、次にどう繋げるべ

きかが不明確なまま。各人の「そういうこと」もバラバラ。これではその後、職制を通じて伝わる内容がバラバラなものになります。

これをなくすには、会議の最後に必ず「今日の会議では何をやったのか」を確認することです。

❸主要な会議では一人が議事録を必ず取る

日本の会議では、誰かが発言していると、みんなが俯いてノートを取る光景がよく見られます。まるで学校の授業です。一番エライ人を除いてみんなメモを取っています。それでは、発言に対して活発な意見交換を行う態勢にはなれません。

会議の目的はみんなでノートを取ることではないのですから、議事録を作成する担当者をちゃんと決めて、他の人は顔を上げて議論に参加しましょう。

全員で中途半端なメモを取るより、一人がちゃんとした議事録を取るほうがよほど生産的です。

❹議事録は3時間以内に出す

議事録は、会議が終わったら即座に、3時間以内に出すことです。さらには、欠席者のフォローもします。このフォローとは、会議に出ていない人にも議事録を読み込んでもらって、ちゃんと意見を出させるということです。

会議に欠席すると、あとから結局、後追いで議事録を精査して意見も言わないといけないし、余計に大変だというように意識づけ、会議に「出たほうがいい」という方向にしていく必要があります。

そうしなければ会議への出席者が減り、会議は意味がないと捉える人が増えるからです。議事録作成は会議終了後、5分以内に完成しメールで配信。誤記があった場合は3時間以内に申告というルールを設けるのもよいでしょう。

❺ラップアップ&ゴー

これはファシリテーターの基本スキルです。ラップアップとは「とりまとめる」という意味。会議を進めていく中で議論が煮詰まってきたら「では、とりまとめましょう」という声を発します。

会議が進めば進むほど、そもそもの議論は○○で……というラップアップを、小刻みに入れないと、何の話をしているかわからなくなります。大抵の場合、そもそもの話から逸れています。なので「何の話をしているんだ」という原点に引き戻し、そこからまたスタートすることをしないといけません。

❻可視化

白板でも、プロジェクターの画面でも、みんなで同じものを見て議論ができるようにします。それをしないと議論が「空中戦」になります。これをやると危険。みんなで可視化する環境がつくれない応接室などでの長い会議はしないほうがいいのです。

❼ネクストステップを明確に

会議が会議そのもので完結してしまっては意味がありません。次にどうするか。そこを具体的に決めるところまで会議で議論できていないとダメです。

これらの7つの秘訣の中でも、とくにラップアップ&ゴーと可視化をちゃんとやるだけでも、会議は大きく変わります。

10

優秀なプレーヤーで終わる人は
自分より優秀なライバルを退ける

優秀なマネージャーとなる人は
自分より優秀な部下を集める

自分よりも〝デキる〟などという人がいたときに、活躍の場を与えたいと思うか、その人をコントロールしたいと思うか。

後者のマネージャーは困ったものです。最初はそうしたデキる部下を可愛がっていても、めきめき頭角を現してくると「自分が食われる」と思って、不安になって潰しにかかります。

本来は、自分よりも優秀なメンバーをたくさん持っていたほうが、その人たちが自分やチームを助けてくれるのですから喜ぶべきことです。**ところが、マネージャーは、自分と同じようなタイプか、自分よりもスケールダウンした人を自分のまわりに集めようとするので気を付けないといけません。**

そうした優秀な部下がより成長するか、そうでなくなるかの分かれ目は、入社3年目ぐらいかもしれません。入社3年目というと、それなりに仕事ができるようになった頃。その一方で迷いも出る頃です。このまま、この会社で働き続けて良いのか、転職すべきか、起業してみようか、などデキる3年目の社員ほどいろいろ考えています

この時期に何も刺激を受けなければ、志ある社員はそのまま流出し、そうでない社員は、「事なかれ社員」や、「自分事で動かない社員」の予備軍になります。自分事というのは、自分の周囲で起こったことに対して自分にできることは何かという発想ができることです。

どんなことに対しても「自分事」で動ける範囲が広い人ほど、そこで学んだことでさらに成長することができます。とくに入社3年目以降、4年目からの10年間をどのように過ごすかで、その人の成長度合いは大きく違ってきます。

この時期に意識して鍛えるべき実力は2つあります。「ビジネスパーソンとしての基礎力」と「良い人間関係を形成していく力」の2つです。

ビジネスパーソンとしての基礎力とは次の5つの要素です。

①自分の考えを人前でわかりやすく話すことができる

②自分の考えをわかりやすい文章にまとめることができる

③情報を構造的に整理できる
④自ら課題を形成できる
⑤日本人以外の中でも自然体で仕事ができる

良い人間関係を形成していく力を構成するのは次の5つの要素です。

①コミットメントが強い（約束を守る）
②前向き志向である
③わかりやすい（表裏がない、腹を割って接する）
④ユーモアのセンスがある
⑤ホスピタリティ・マインドがある

これらの基礎力は、「経験」「周囲との関係からの学び」「自己学習」で鍛えられるのですが、そういった環境をつくれるように支援するのもマネージャーの役割です。最終的にはすべてプラスになって返ってくるのですから。

11

優秀なプレーヤーで終わる人は
自分でかけたプレッシャーに強い

優秀なマネージャーとなる人は
外部からのプレッシャーに強い

世の中は不条理に満ちあふれています。どんなに優秀なマネージャーでも、めげるような状況はやってきます。しかし、その都度めげていると、周囲がどうしていいかわからない。めげていると口から出る言葉が愚痴になります。多くは人の悪口です。そうすると、周囲の人はそういう目でその人を見ます。さらには、その評価が定着してしまい、結果的に組織全体のパフォーマンスを低下させるのです。

優れた経営者は、ネガティブな発言を人前でしません。どこで話すかというと、多いのが人事部長の前。人事部長の最大の仕事は、社長の愚痴を聞くこと。人事部長は、言われるがますぐに動いてしまってはダメ。愚痴を聞くことが仕事です。経営者の右腕にするなら、こういう人がいいのです。

プレッシャーがかかる状況でも自然体でいられるか、めげずに折れない心を持っているかもポイントです。

私は以前、某企業の自社製品による死傷事故についての第三者委員会の副委員長を務めたことがあります。その時の経験からですが、周到な準備・調査の末に報告書を作成して会見に臨んだとしても、遺族にがっと詰め寄られたり、マスコミが大挙して押し寄せてくれば、誰であってもフリーズしがちです。不祥事の記者会見でよく見かける風景です。四方八方から一斉掃射を受けたら、基本、ひとりではどうすることもできません。できるのは自分が折れないようにすることだけです。

頭で理解しているだけではダメで、心がついていく、つまり頭と心の両方が圧力に耐えられるようになっていなければいけません。だから、修羅場に自ら手を挙げて飛び込んでいくということを若いうちから可能な限りやっておくべきなのです。

マネージャーとしての責任範囲が広くなればなるほど、経営マネジメント層の上に行けば行くほど、1日に3つぐらいは気持ちがへこむような場面に遭遇します。**あまりにもへこみが大きいなと思ったら、ときにはあえて1日何もしないことも必要です。**

私もそういうときは、仕事をあえてしないで、全然別のことをします。そうして1日経つと、何でへこんでいたかも覚えていないこともよくあります。真面目で優秀なプレーヤーほど、自分で自分を追い込んでしまうので気を付けましょう。

12

優秀なプレーヤーで終わる人は
自分を大事にする
優秀なマネージャーとなる人は
自分を捨てられる

「あなたの説明はわかりました。ただ、あなたとはやれない。一緒にやっていこうという熱を感じないから」

私が行っている体験型ケーススタディ：Organization theater（ＯＴ）のひとコマです。このプログラムではプロの役者が扮する登場人物とのやりとりを通じた、いろいろな気づきがあります。

たとえば、企業の経営統合を巡るケース。

合併される側の労働組合の委員長（役者）が、新会社の新社長を務めることになった人（受講生）に対して放ったセリフが冒頭の「熱を感じない」というものでした。

ヒトを動かすものは「説明」ではなく「熱」。その熱が伝導するから、「やろう」という気持ちになる。説明はその後に効くものです。冷静になったときに「さっき聞いた説明」

がその人を納得させる材料になります。ヒトが動くのはこの流れだと思います。

人間関係は化学反応です。良い反応が起きるか、何も起きないか、はたまた悪い反応か。すべてこの熱の仕業。人が集まったときに「盛り上がる」というのは、その中に熱を発して伝導させる人がいるからです。


皆さんの周囲にも、熱を感じさせるヒトがいますね。そういった人達には共通する要素があります。

まず「自分を捨てている」ということ。

自分のために相手を利用しようとしていたり、相手を動かすことで自分だけの利を求めていたりという打算や、心のどこかで相手を信じていなかったりという猜疑心がないのです。打算的な言葉や疑いは相手に伝わります。そうなると、どんなにいい言葉を並べ立てても、ロジカルに話しても、自分が動かされるまでの熱は伝わりません。

次に「相手のことをよく知っている」ということ。

自分がメッセージを伝えて、動いてほしい人達のことをよく知っています。その人達の想いや困りごとを知っている。それが伝わります。「この人はわかってくれている」という気持ちが相手の中に芽生えると、これが熱を伝導させるのです。

さらには「退路を断っている」ことも、熱を感じさせる人に共通しています。あとで責められないようにと、発言内容に「保険」をかけることをしません。保険をかける人は「○○をやります」ではなく「○○をやる方向です」と言ったり、「やります」ではなく「努力します」という言い方をしています。

自分でも無意識のうちに、できなかったときの言い訳を用意するのです。これが保険ということです。実際には責められるときには責められるので保険の効力はないのですが。保険付きの言葉から熱は伝わりません。営業でも組織のマネージャーであっても（政治でも）同じだと思います。ヒトを動かして何かをしてもらうためには、熱が必要です。熱を蓄え、伝導させる。これこそがリーダーシップを発揮するための基盤。

この熱の蓄えと伝導の経験がヒトの年輪となり、器の大きさを決めるのではないでしょうか。

歴史をひもといても、何事かを成しとげた人物に共通するのは、大義を持ち、自分を捨てて行動した人です。

自分を捨て、自己の利害や命さえ顧みずに行動する人に、周囲は動かされます。そういったフォロワーたちの存在がなければリーダーシップは実を結びません。

13

優秀なプレーヤーで終わる人は
前提条件で考える

優秀なマネージャーとなる人は
「あっ」と驚く発想をする

私たちは「与件の囚人」です。常日頃から、前提条件でものごとを考えることが習慣化されています。それは「正解」がある場合には、非常に良いことなのですが、新たなことをする場合においては、じつはむしろ与件が邪魔をしているケースが多いのです。

私は常々、日本企業の最大の課題の一つが「枠の外に出ること」だと思っています。枠を取り払ってみたときに新しい風景が見えてくるはずです。

多くの日本人が前提条件や決まりごとを重んじます。これはある意味で素晴らしいことです。規律を重んじる教育の成果だと思います。

ところが、日本以外の多国籍企業で全体集会をやると、まず時間通りに始まりません。前で誰かが話していても好きなことをしていたり、仲間とおしゃべりしているのもよくある光景。上級幹部クラスでさえそういう感じです。

日本ではまずそういうことはありません。ピシッとしています。ここは本当に素晴らしい点です。

しかし、ときには、あえて「枠を超えた発想や行動」も必要になります。

とくに、世界中で同じような競争が行われ、コモディティ化によってどんどん自分たちの存在感が埋もれてしまうような時代にあってはなおさらでしょう。

ヒトはどうしても自分の経験からくる思い込みや、自分の〝窓〟から見えている風景に縛られます。自分の〝窓〟は自分の興味関心をハイライトして見せます。そうなると、見えているはずなのに「見えていない」ことがあっても気づきません。

たとえば、電車の中の広告を眺めてみてください。たくさんの情報がありますが、自分が関心のないことは記憶に残らないはずです。逆に自分にとって関心がある情報は浮き上がって見えるはずです。

ところが、自分と同じ土俵にいない人と議論すると、その「見えていない」ことに気づかされます。世代、性別、国籍が違う人をチームに入れるだけでも違ってきます。

「こんな発想をするのか」「当たり前と思っていたことを、そんなふうに捉えるのか」と、自分が見えていないことの多さに驚かされます。だからこそ、ダイバーシティが推奨されているのです。

また、違う会社の人が入ることで見えてくることもあります。とくに、ＢｔｏＢの会社とＢｔｏＣの会社の人が議論すると視点の違いに驚かされるでしょう。労働集約型の企業と資産回転型の企業の人の議論も相当違うはずです。

昔から、文化が発展したところには、何らかの異なる文化の交流があったわけです。交流の中から価値が生まれてきました。

しかし、ダイバーシティの議論の中で「女性活用を推進するために女性管理職比率を高めよう」という話になると、途端に与件の囚人になってしまいます。（そもそも女性活用という表現をする時点でおかしいのですが、その議論はここではしないでおきます）

女性管理職を増やすことが女性活用なのである。そんな思い込みというか、どこから持ってきたのかよくわからない前提条件に囚われているのです。

実際に、当の女性に話を聞いてみると、案外「そんなことは望んでないいんですけど」という声が多かったりします。常に上を目指す人ばかりでなく、そうではない人も交えて議論をしたりすると、また新たな展開が生まれてくるでしょう。

そういった仕組みをつくるのも優れたマネージャーの仕事なのです。

14

優秀なプレーヤーで終わる人は 宴会の王様になる

優秀なマネージャーとなる人は 宴会の名幹事になる

この人に任せたいというようなマネージャーの素養は、「飲み会の幹事」ができるかどうかで、よくわかります。

飲み会を企画するという「仕事」に必要な要素を考えてみましょう。

- 日程調整
- お店の選択
- 会費設定
- 宴会前日のリマインド
- 宴会の趣旨の説明
- 参加者の世話

・お店側との調整
・さまざまなトラブルへの対応　など

これだけを見ても「飲み会の幹事」はなかなか大変です。お店の選択からしてなかなか決まりません。いろいろなことを言う人が必ずいます。自分の馴染みの店を主張する人や、出した店の案にあれこれ口を出すが対案を出さない人など。

会費も高い、安いで意見が分かれ、日程調整も「この日はダメ」「この日は翌日に重要な商談が」とバラバラです。そもそも全員に都合のよい日なんてないのです。

やっとのことで日程を決めたとしても、その後のフォローを忘れると「なんだ、これだけしか来ないのか」となり大変です。一定人数が集まらないと「会」の意味がなく、自腹にもなりかねません。

メニュー選びも参加メンバーの顔を思い浮かべながら決めておかないと、当日にクレームの嵐になります。構成にも気を使います。宴会が3時間だとして、何の企画もなくただ飲んで食べてしながら各自で話をするだけでいいのか。あの人とあの人は、あまり席が近くないほうがいいのか。

セクハラ系に行く人がいたら注意しなければなりませんし、飲み過ぎてフラフラになる人が出たら介抱しなければなりません。

そんな、いろんなことがあったとしても、帰りには飲み会に参加したみんなが元気になって散会する。

そういう飲み会にしなければなりません、飲み会の幹事は、思っている以上に大変なのです。これは、組織のマネージャーがしなければならないことに似ていないでしょうか？

お店選びは「組織の方向性」。会費は「予算」。日程選びは「選択と意思決定」。日程のフォローは「周知徹底」。当日のメニュー、座り方は「戦術」。宴会の構成と配慮は「組織マネジメント」。セクハラ退治や介抱などのフォローは「人事」。突発的なできごとには「臨機応変な対応」。予算内で納めてみなを元気にするのはマネジメントそのもの。

これらをうまくこなして「彼、彼女が幹事だと宴会がうまくいく」というのは、そのまま「彼、彼女がマネージャーだとチームがうまくいく」となるわけです。

優秀なプレーヤーが「王様」のように仕切る王様幹事の宴会もありますが、たいていはつまらない宴会になります。少なくとも「みんな」が楽しかったという宴会にはなっていません。

王様幹事をやると、「自分がその店を選んだことで評価されたい」という動機が働きます。「変な店を選んだことで評価を下げたくない」ということが基準になるため、ネットのグルメサイトや情報誌などでの評価で店を選びがち。結局は無難な店に落ち着くので、参加者にワクワク感はありません。

優れたマネージャーは、自分で実際に店に足を運んで、店の人とも話をして、ここから大丈夫と思える店を選びます。それは、参加者への意識が高いからです。王様幹事は「予算」には気を使うかもしれませんが、「参加者の顔」への意識がありません。

そもそも、幹事に気を使う宴会に参加したいと思わないですよね。参加するとしても、仕方なくの参加。できれば次は参加したくない。それが本音でしょう。お店のほかの一角でみんなで楽しそうにしている宴会が見えると「いいなぁ」と、そっちに交じりたい気持ちにすらなる人もいます。これはまさに〝転職活動〟の始まりです。

しかし、新業態へのチャレンジ、構造改革、危機的状況からの脱出といった局面においては、多少強引な幹事のスタイルでやらないと進みません。なにしろ、飲み会に行きたくないという人が多い中での企画になります。

強引なスタイルであったとしても、その幹事が「参加者の顔」と「予算」の両方にちゃんと気を配るのは当たり前。そうでないと難局を乗り越えた時点で「終わり」になります。このように「宴会の名幹事」をイメージすると、優れたマネージャー像がさらに身近に、明確になってくるのです。

15

優秀なプレーヤーで終わる人は
仕事の向上心が強い

優秀なマネージャーとなる人は
あらゆる好奇心が強い

どんなことでも「自分に関連づけして」見ることができる人と、自分の利益になることしか目が向かない人がいます。

優秀なプレーヤーで終わる人も優秀なマネージャーとなる人も、強い興味関心のベースを持っています。ただ、通常は、それらの興味関心は自分の目的に合うものにだけ反応するものです。自分が仕事で評価されてもっと上に行きたいという目的を持っている人は、その目的達成に使えそうなものにだけ興味関心を向けます。

それに対して優秀なマネージャーは、自分の目的に関係なく、いろんなものに「へぇ、そうなっているのか」「こんなものもあるのか」と幅広く興味関心が芽生えている傾向があります。

とくに、顕著に表れるのが「ヒトへの興味関心」です。

優秀なマネージャーは、いろんな人の変化によく気づくのです。私も自慢するわけではないのですが、メンバーが髪型や持ち物を変えたら99%わかります。あまりにも忙し過ぎて気づかなかったということもあるのですが、ほぼ気づきます。

なぜ、そんなふうになれたかというと、ホテルで働いた経験が大きかったと思います。ホテルマン時代はいろんな現場の仕事を経験しましたが、その中でも宴会のウェイターは「ヒトへの気づき」ということをたくさん学ばせてもらいました。

ホテルで行われる重要な宴会では、お客さまが何を求めているか、お客さまに求められる前に察知して動くことが必要になるからです。

(あの人は爪楊枝を欲している)

(もうビールはいらないから、他のドリンクが欲しい)

(空いたお皿をさげて欲しいみたいだ)

こういったことを、お客さまの視線やちょっとした挙動で学習していきました。そういう意味で「ヒトへの気づき」は先天的に持っていたものではなく、後天的に学習して鍛えられたわけです。

その経験が後々マネージャーになったときにもの凄く効いてきています。

もし可能であれば、マネージャーを目指す人は、サービス業、接客業の経験をどこかでできれば素晴らしい。相手が何を期待しているのかを感じて行動するホスピタリティが実地で鍛えられます。

優れたサービスをできる人は、本当にヒトのいろんなところを見て感じて動いているのだということがよくわかります。

逆に、サービスの内容自体は及第点でも、ホスピタリティがまるで感じられないサービスというのもあります。自分がやるべきこと、やらないといけないことを優先させて、自分のペースで動いてしまっているのです。お客様のタイミングを感じずに、自分のサービスを押し付けている。これでは、まったく間が抜けたサービスです。ヒトへの気づきがちゃんとできている人のサービスは、お客さまとの〝間〟を大切にしています。間を詰めすぎることも、空けすぎることもありません。

自分が経験できなくても、そういった視点でプロのサービスの動きを見てみるだけでも勉強になることはたくさんあるのです。

16

優秀なプレーヤーで終わる人は
空気を読まない

優秀なマネージャーとなる人は
あえて空気を読まない

とても優秀なのに「空気が読めない」人がいます。

相手が、明らかに「違うよ」「不快だ」というサインを出しているのに、それに気付かずに自分のペースでものごとを進めるのです。

なぜそうなるのか。自分のことを説明するのに酔っていて、相手のことをちゃんと全体像で見られていないのですね。

会議でもプレゼンでも、自分が誰かに話すというのは一方通行ではなく、相手と繋がっていくための行為です。なので、相手とコネクトできていない、相手がそのやり方では拒否しているということを察知したら、その場で話題や力点を変えて対応していくことが必要になります。

優秀なマネージャーは、一対一のときも、一対多数の場面でも、相手とコネクトできているかどうかを常に気にかけているので「空気を読む」ことができるわけです。

空気を読めるマネージャーは、会議のファシリテーターをしているときに、意見がある人がなんとなくわかります。意識してわかろうとするとわからなくなりますが、自然体でやっているときにはたいていわかります。これは不思議ですが。

たとえば、こんな感じです。

誰かが何かを発言します。それを聞いている参加者の中で、その意見に反論や疑問がある人の反応を感じます。その人の周辺の空気が一瞬ですが「ふわっ」と薄くなるような感じがするのです。それを感じるので、「○○さん、いかがですか？」とその方が手を挙げる前に意見を促すことができるのです。

この「ふわっ」とする感じは、感じたその瞬間に反応しないとすぐに消えてしまいます。

私も経験があるのですが、あるとき、「あ、あの人、何か言いたいはず」と感じたのですが、すぐには反応せずに、そのあとで全体に対して「意見のある方は？」と問いかけると、もうその時には反論や疑問を感じる「ふわっ」とする感じは消えていました。

言いたいことがあると思われた方の周辺の空気の濃度は、他の方々と同じになっていいました。おそらく、その人が理性的な判断をして、「言わないでおこう」と意識したことがそうさせたのだと思います。

私が感じた「意見を言おう」とした空気感はおそらく、その相手の無意識の反応です。意識的に自分の感情を外に出さないようにしていない限り、人間は結構いろいろなメッセージを外に発しているのです。

マネージャーは、その空気を察知して、すぐにリアクションを起こすことで、相手に「自分のことを受け止めてもらっている」という安心感を与え、みんなの持っている空気を萎ませないようにしないといけません。

ただ、そんなマネージャーも、時には「あえて空気を読まない」ということをしなければならないときがあります。例えば、議論が収拾しないときなどです。

周囲の意見に耳を傾けることは重要ですが、すべての意見を採用することはできません。そんなときは、自分で責任を負うつもりで、独断をしなければなりません。これもマネージャーの大切な仕事です。

17

優秀なプレーヤーで終わる人は
処理能力が高い
優秀なマネージャーとなる人は
アクションが速い

優秀なプレーヤーと優秀なマネージャーとも、ものごとの処理能力はどちらも高い。それなのに、まわりに与える結果に大きな違いが出るのは「アクションを起こす速さ」の差です。

ある人は「すぐ」に行動し、ある人は「1日後」に行動する。その蓄積は、人生で見た場合、大きな差になります。議論をしながらでも進められるものは進めて動かす。すべての議論が終わってまとまってから動くのでは、時間がかかりすぎるのです。

マネージャーはとくに「即応」することを意識しなければいけません。なぜなら、そこには常に関係者がいるからです。いかに速く関係者に〝ボール〟を渡すか。ここを意識しなければなりません。関係者には動きが速い人もいれば遅い人もいます。気をつけないと「仕事が速い人」が割を食うことになります。仕事が速い人ほど、全体の遅れをリカバリーするために他の人の仕事もやることになってしまい負荷がかかります。

そこをちゃんと見極めて最適化できるように「速く対応」するのがマネージャーです。大事な場面で素早い対応ができるようになるには、日頃から、何かをしようと思ったら、すぐに動く。これです。

誰かにメールしようと思ったらすぐにメールする。何かを調べようと思ったらすぐに調べる。行きたいお店があったらすぐに予約する。とにかく「やろう」と思ったら、必ずそのときにアクションを起こすことを意識するのです。

「あとでやろう」→「忘れてた」→「面倒だ」→「ま、いいか」という、このサイクルに要注意です。これは「億劫病」の典型的な症状です。年齢と共に、新しいことをやるのが億劫になります。そこで動かなくても、そこそこやっていけるからです。

本来、人間はすぐに動かないと生きていけない環境に置かれれば、嫌でも動くようになります。自分ひとりでもやれます。日々、意識して思い立ったら「すぐ動く」ようにしていけばいいのです。

最初は「すぐ動く」→「すぐやめる」というのがあってもいいでしょう。それでも続けていくうちに、意識しないで次の展開まで持っていくことができるようになるのです。

18

優秀なプレーヤーで終わる人は
難しく話す

優秀なマネージャーとなる人は
例え話をする

わかりやすく話すための最大のテクニックは、例え話を入れることです。

けれども、やたら何でも野球に例えたりしてはダメ。目の前にいる人の領域の例え話をするのがいいでしょう。

その人が野球をやっていれば野球の例え話でいいのですが、料理好きなら料理の話で例えたほうがわかりやすいのは当然ですよね。すると、相手も「自分のことをわかってくれている」という気持ちになりやすくなります。

同じものをつくっても、それぞれの適性によって必要な時間が違うという話を、料理好きの人にするのなら「おでんをつくるのに、大根やコンニャクなど、味がしみにくいものから先に鍋に入れて、仕上がりを揃えるようなものですよ」と話すわけです。

これを省略して、自分の頭の中にあるものをそのまま相手に話してしまうと、相手の経験や理解度によっては、まったく伝わらない結果になります。もし、理解まではできたとしても気持ちの部分ではコネクトできていないので、こちらが望んでいるようなアクションはとってくれません。

といっても、話術のプロを目指せということではなく、これも相手のことを考えて、その場の状況でもっとも適切な表現をするホスピタリティを大事にするということです。

これは、いろんな状況を打破していくために、もっとほかに使えるものはないかという考えの幅を広げることにも通じてきます。

私はこの作業を思考の「抽象化」と呼んでいますが、マネージャーとしていろんな仕事をしていくときに、結構大事になってくるのです。

のちほどお話をする「自分の型」をつくるということとも共通するのですが、マネージャーは環境が変わって、与えられた条件が異なっても、そこでなすべきことの「本質」を見極め、自分の経験や知識を応用して、みんなに道筋を示すことが求められます。

メンバーが行き詰っているときに「こういうやり方もある」「これをこう変えれば、同じことができる」というヒントをわかりやすく提示したりして「これならできそうだ」と、みんなに思わせることが大切なのです。

19

優秀なプレーヤーで終わる人は
「その場しのぎ」を続ける

優秀なマネージャーとなる人は
「火種」を消しにかかる

本来やるべきことを後回しにして、その場しのぎを続けていると大きなツケを払うことになります。

「その場しのぎ」とは、後先のことを考えずに、今この瞬間を乗り切るための言動、態度のこと。もちろん、その場しのぎしてやればいいや！　と思って意識してこれをやっている人はそんなにいません。「その場をしのげればいい」という程度の気持ちで対応していると、逆に「その場」をしのげないからです。軽い気持ちで大事なものごとを適当に処理するような姿勢は、すぐに露見します。むしろ事態を複雑化、悪化させます。

こんなのはその場しのぎだなぁ、と心のどこかで思いながらも、どうしようもないために、「その場を乗り切って」なんとかするべく（時間を稼いで体制を立て直すためなど）、とにかく全力で説明したりお詫びをする。そういうことはよくあります。

ただし、本当に大事なのは「しのいだあと」の対応です。目の前で火を噴いていることへの対処が終わると一安心。その出火原因への対処を怠り、むしろ、次の課題に意識を向けてしまいがちです。

こうなると、本質的な課題解決には至っていないので、次に火がつくときには大火事になります。これが結果として、その全力行動を「その場しのぎ」にしてしまう構造です。「喉元過ぎれば熱さを忘れる」とはよく言ったものですね。

なぜ、「その場しのぎ」でしのいだあとの本質的課題への対処ができないのか。おそらく、次にやるべきことが山積みで「それどころではない」というのが大きな要因でしょう。

たしかに「忙しい」のは事実なのですが、その忙しさをつくっているのは自分自身なので、それを理由にはできません。どんなに忙しくとも、そこは優先順位の問題。何が大切なのかを見失っているのです。または、根本原因に触ることから逃げているのです。

根本原因に立ち向かうのは覚悟が必要です。自分を含めた周囲も痛い思いをするはずです。ただし、それが出火原因であれば徹底的に対処しておかなければ未来はありません。

今の日本の現状は、政治も含め「その場しのぎ」のオンパレードのように見えます。業績不振、不祥事を起こす企業・団体についても同じことが言えると思います。

やることがたくさんある。そういう中で、諸々のことを「その場しのぎ」にしないためには、何かを断念することを意識したほうがいいでしょう。

自分が「こうありたい」という、すべてを実現しようとすると何かが落ちてしまいます。「こうありたい」の目的が壮大で、関係者も多いほど、すべてを追い求めようとすると、必ずどこかに「しわ寄せ」がくるのです。

しわ寄せは、言ってみれば「その場しのぎ」の結実です。

中でも、しわ寄せの対象になりやすいのが「自分の健康」です。健康を後回しにしたあげく無理をして倒れる。これはマネージャーとしてやってはいけないことです。私も若くして外資系人事組織コンサルティング企業の社長になったときに、仕事のし過ぎで倒れたことが何度かあります。

毎日、早朝から深夜まで仕事をして健康管理などまったく顧みず、運動ゼロ、肉さえ食べておけば大丈夫と朝はハンバーガー、昼はかつ丼、夜は焼き肉、ステーキという生活を続けたツケが回ってきました。

これは自業自得というわけにはいきません。なぜなら代役が立てられない立場になると、自分一人の体ではなくなるからです。家族や社員はもちろん、取引先、お客さまなど影響は各方面に及んでしまいます。

自分の健康にしわ寄せが来ないようにするのも、マネージャーの責任であるということです。

また、健康の次にしわ寄せの対象になりやすいのが「自分の家族」です。

これは家族に対する甘え。身近であるが故に「わかってほしい」がエスカレートして「わかるべきだ」に転じがちです。すると、家族に我慢を強いることになります。これを続けているから「居場所のないお父さん」になるのです。

皆さんも、プレーヤー、マネージャーに関わらず、自分が今、大事なことを「その場しのぎ」にしていないか、しわ寄せがどこかに来ていないかを、自問してみてください。

20

優秀なプレーヤーで終わる人は
毎回、新しいやり方を探す

優秀なマネージャーとなる人は
自分の型を持っている

新しいものごとに取り組むときに、毎回、どうやって進めればよいのか探していくのは大変です。ですが、何かを極めるつもりで精進して経験を積んでいくと、やがて「自分の型」を持てるようになります。

この「自分の型」ができると、かなりの強みになります。新しいものごとに対処するときにも「自分の型」に当てはめて進めていくことができるからです。たとえば、パン屋さんの経営を極めれば、ラーメン屋さんの経営もできるということです。

もちろん、パン屋さんとラーメン屋さんで、それぞれ求められる「専門性」は違います。これは当たり前。職人さんという専門性で考えれば「そんなの一緒にするのは乱暴すぎる」という話です。環境という与件も異なります。

ですが、経営という「型」で考えれば、専門性や環境という与件は〝変数〟として捉えることができるわけです。

経営を行うマネージャーは、それぞれの専門性ある「その道」で良い仕事ができるヒトを見抜き、役割を設定し、そのヒトたちが思う存分仕事ができる環境をつくる。必要な「武器」を与え、動機づけする。この部分の「型」は同じです。これが24ページで紹介した「遠心力型マネジメント」です。専門性や環境という与件の違いは、決まった型の構造式の中の変数にすぎないわけです。

ただし、自分で執行までやるとなると、その変数に自分が入ることになるので成り立ちません。あくまでも「経営」という立場の話です。

では、どうすれば「自分の型」を精度の高いものにすることができるのか。どんなものごとに対しても、自分なりの答えを出し、前に進めることができるのか。「自分の型」をつくるのは、もちろん仕事をこなすことでしかできません。

仕事というのは「インプット」「スループット」「アウトプット」の組み合わせです。

インプットは知識として習得または経験するもの。それを自分なりに整理、構造化し、色々な形に組み替える、これがスループットです。そうしてつくったものを言葉や図式で表現するのがアウトプットとなります。

ところが、長い間同じアウトプットばかり出していると、インプットが固定化して、知らないうちに他のアウトプットが出せなくなります。恐ろしいことです。
同じ会社で同じような仕事をずっとやってきているヒトは要注意です。さらに管理職などのマネージャーに中途採用者がほとんどいない会社にいる人はとくに危険です。おそらく、日常的に仕事の進め方、ものごとの捉え方がかなり固定化しているはずです。環境が変わったとき、あるいは変えざるを得ないときに完全にフリーズします。

アウトプットの固定化を避け、新しい与件のもとでも対応できるようになるには、インプットに対する意識を深めることが重要です。意図的に自分のインプット環境を変えていきましょう。1週間の自分の時間の使い方を見直し、行く場所や会う人を変えていきます。

かつて某企業で私が提案して実行したものに「R2（Re Set - Re Entry）」というものがありました。3年以上同じ仕事をしている人について原則異動（リセット）。その際に自分のやりたい部署に応募して選考を受ける（リエントリー）というものです。
なぜ、3年以上同じ仕事をしている人を異動対象にしたのかと言いますと、皆さんも経験あると思いますが、新しい仕事を始めたときは大変だからです。「何をどれだけ知っておけばいいか」「どこまで勉強したらよいのか」「誰とどのくらい深く付き合えばいいのか」、そういったことがわからない。つまり、新しい仕事をするためのインプットの部分で悩むわけです。

　ところが3年も同じことをやっていると、そのインプットは「寝ていてもできる」ようになってきます。アウトプットの質を高く維持するのは大変ですが、インプットの部分は楽にできるようになっている。

　すると気がつかないうちに自分の入り口が固まってしまう。人は自分が関心を持っている情報しか目に映りません。たとえば毎年発表される「ヒット商品ランキング」なども、すべて知ってるという人は少ないはず。興味・関心がなければその情報は目に入ってこないものです。自分の関心事をひとつに固めず、常に広げるように意識すべきです。

　ところが仕事でインプットを広げていくという行為は、組織に勤めているとやりにくいのです。会社では「この仕事をやりなさい」と言われます。インプットを自分で広げられる人は外部にそれを求めて辞めていってしまう。「これではいかん」ということで、3年以上同じ仕事をしている人は問答無用で仕事を変える「R2」を導入したのです。

　インプットを増やすといろいろなことが見えてきます。決められた道の中からの選択という状態から一歩進んで、道なき道を飛べるようになる。「スループット」の能力が高まって、新たなものごとにも「自分の型」を使って、自分なりのアウトプットが出せるようになるのです。

21

優秀なプレーヤーで終わる人は 自分だけの戦いに負けない

優秀なマネージャーとなる人は 「ま、いいか」の戦いに負けない

じつは、自分に妥協しないという点では優秀なプレーヤーで終わる人のほうが「負けない」のです。逆に優秀なマネージャーのほうが「ま、いいか」となりやすい状況が多くなります。

なぜでしょうか。そもそもマネージャーが基準にしているラインとメンバーのラインは違います。自分が100を求めてもメンバーはそうならないのです。すると、自分だけが100を求めていることに心が折れて「ま、80でいいか」となってしまう。

そういう点では、マネージャーもここではプレーヤー的要素にフォーカスしたほうがいいでしょう。**本来、求めるべきクオリティに達していないのに、それを求めるとメンバーが嫌な思いをするというところに負けてしまうのではなく、客観的にも、それだけのものが必要だと考えるのなら「ま、いいか」に負けてはいけないわけです。**

「ま、いいか」を続けていると、あとに尾を引きます。妥協したことを自分で自分に説得するプロセスがあり、「これでいこうか」となってアウトプットを出したあとも、やっぱり「本当にそれでよかったのか」と引きずるわけです。

さらに、妥協して出したアウトプットに対してクライアントからNGを出されたりしたら、「やっぱり自分の基準で貫けばよかった」と、後悔が始まります。

そもそも、仕事の最終的な評価は自分が決めるものではありません。仕事を依頼したクライアントや、あるいは上司、同僚などが決めるもの。自分は評価を決められないわけですから、その大前提として「自分がその仕事に納得できているかどうか」が問われます。

仕事がデキる人とそうでない人の違いは紙一重です。

その紙一重を決めている要素は「ま、いいか」だと思います。妥協するかしないかの積み重ねが、その人のアウトプットの総合的な質を決めます。

納得できない理由を自分以外に求めてはいけません。「誰かのせい」にした瞬間に「自己弁護」が始まっています。「自己弁護」に逃げると、「ま、いいか」が助長されます。

22

優秀なプレーヤーで終わる人は、
やり続ける

優秀なマネージャーとなる人は
止める術を知っている

新しいことを始めることは、案外、大変ではないのです。

「今度、こんなことを始めたんだ」という話はよく聞きます。ですが、反対に「今度、これとこれを止めようと思うんだ」という話はあまり聞きません。

一度やり始めたことを止めるという話は、あまりオフィシャルにはなりにくいからです。鳴り物入りで始まった新事業がいつの間にか縮小されて、気づいたら撤退しているということも珍しくはありません。

そこまで大きなことではなくても、新しい「仕組み」や「やり方」が結局、うまく機能しなかったためにマネージャーの頭の中では「もう止めた」となっていることも結構あります。

ところが、その「止めた」という話をオフィシャルにやっていないために、現実的には終わっているのに現場では「やることになっている」というケースが多いのです。

なんとなく、そうした空気を読んで、止められる人はいいのですが真面目な人は「決まったことは勝手に止められない」と考えてやり続けるため不都合を我慢したり、負荷がかかったりしているかもしれません。

マネージャーは、新しいことを始める責任もありますが、棚卸して止めるべきことを決める責任もあります。自分でやり始めたことを止めるのは、それはそれでエネルギーのいることですが、やれるのはマネージャーしかいません。

そもそもメンバーは、根本的に「やること」を何かに動機づけられているのではなく「やるように言われた」からやっている人が大半です。ですから自分から止めるという動機づけになるものもありません。

これ以上続ける意味がないということがわかったら、そのことをはっきりと具体的にメンバーに話をしないとメンバーはずっとやり続けます。今の状況に合わないのに形骸化したルールの下で、ずっと非効率なやり方をやっていて誰も何も言わないようなことも同様です。

すべてはマネージャーが、ちゃんと「今」の状況に対してどうなのかを見て「止める」ことを決める必要があるのです。

23

優秀なプレーヤーで終わる人は
言葉で語る

優秀なマネージャーとなる人は
表情で語る

言葉はコミュニケーションの最大のツールです。

ですが、言葉はそれだけでコミュニケーションツールとして機能しているのではありません。何と一緒に機能し、伝わっているかというと「言外に表れる」ものとセットなのです。いわゆる「ノンバーバルコミュニケーション」と呼ばれるものですね。

若いマネージャーは、たとえばダメ出しをするのも全身全霊のメッセージでやろうとします。それは悪いことではないのですが、受け取る側は、そのときメッセージ以上のものを受け取ってしまいます。

言葉は「それではダメだよ」というものであっても、言外のものも含めて「自分ではダメなんだ」というメッセージとして受け取り、言葉以上のダメージを受けるのです。対人ストレスに弱い人であれば、そこから逃れるためにフリーズしたり、適当な返事をして自分を守ることに意識が向いてしまい、肝心なメッセージは伝わらなかったりします。

実際のところ、言葉以上に相手が強く受け取ってしまうのは「目と表情」です。

私がホテルで働いていたときのことです。大きなクレームが発生したのですが、とあるベテランマネジャーにかかると非常に短期間で解決しました。**「誠実さ」「申し訳なさ」に加え、「何を言われても、あなたを攻撃しません」というメッセージがそのマネジャーの表情から感じられたからです。**

オランダの日本大使館で働いていたときにも、こんな経験をしました。当時の公使は、20代だった私にとってはとても怖い人でした。実に指導が厳しい。しかし、なぜだかその公使に言われたことはスーッと入ってきました。なぜかというと「目」なのです。厳しい言葉ながら目が優しい。この人は自分を育てようとして注意してくれている。それが伝わったからです。

マネージャーがメッセージを発するときには、「あなたを攻撃するわけではありません。あなたのことをみんな大切に思っているからこそ、この言葉を伝えているのです」というメッセージを言外に伝えることです。

言葉は明確にすべき。しかし、言葉以外の要素で意図を必ず伝える。マネージャーとして、あるいは多くの人に接する仕事には身に付けるべきスキルです。

24

優秀なプレーヤーで終わる人は
自分の弱みを見せない

優秀なマネージャーとなる人は
自分の弱みを見せる

優れたプレーヤー、若いマネージャーであるほど「全能」であろうとします。すべてのことを知っている存在であらねばと考えてしまうのです。でも、そのように振る舞うほど、メンバーとの距離が生まれてきます。

そもそもマネージャーとメンバーという時点でポジションとしての距離があるのに、そこに余計な距離をつくっても仕方がありません。むしろ、自分を凄く見せようとするよりも、逆に弱みを見せるぐらいのほうが「あなたたちを信頼している」ことが言外に伝わるのです。

とはいえ、私もマネージャーになりたての頃は、それができませんでした。もちろん、最初からマネージャーがズッコケてばかりいては信頼は生まれないのですが、ある程度の時間の共有を経てからは、何かのイベントなどのときに「弱み」を見せてもいいのです。

「意外に、こんなことは苦手なんですね」「そうなんだよ」というやりとりは、逆に親近感さえ生まれます。

マネージャーだからといって、ずっと頑張り続けるのは無理があります。気持ちが弱くなったところを見せてもいい。一対一でメンバーと話をしながら「こんな頭が痛いことがあるんだよ」と自分の困りごとを相談するのです。

相談されたメンバーは、マネージャーから自分に相談されたということで信頼や愛情を感じ取るでしょう。なのに、マネージャーがメンバーに相談した瞬間に自分のポジションが変わってしまうと誤解してしまう人もいるのですが、そんなことはありません。

たとえば、自分のチームに年上のメンバーがいたら、あえて相談してみる。年下のマネージャーは年上のメンバーに弱みを見せたくないと考える人が多いのですが、年上の人は、案外「助けてやろう」と思う人が多いのです。

どうしても、そういうことができないという人は、最初は利害関係のない外部のメンターやコーチのような人に弱みを見せることからやってみましょう。おそらく「弱み」を見せられないという人は、誰に対しても自分を開示することができない人が多いので、自分の弱みを見せるという「行為」そのものをやってみることをお勧めします。

25

優秀なプレーヤーで終わる人は
今日のことを考える
優秀なマネージャーとなる人は
明日のことを考える

どのような仕事も、その仕事の「仕組み」を考えてつくる人と、仕組みの中をしっかりと埋めていく人が必要です。

マネージャーは、より良い仕組みをつくり、常に更新をしていくことが仕事です。そういった意味で、マネージャーの仕事とは「今ある仕組みを否定する」ところから始まるわけです。ところが、マネージャーが更新が必要と考える「今ある仕組み」で成果をあげているプレーヤーもいます。

そこを聖域としてしまっては、次に繋がる新しい仕組みをつくることができません。では、どうするか。**よく行うのは「デストロイヤー分析」と呼ぶ検討です。**

今あるビジネスはどんなことがあれば壊れてしまうのかを考えるのです。さまざまな環境要因でこんなことがあり、ここがこんな影響を受ければビジネスが成り立たなくなるというようなことを分析するのです。

競合がこのようなことをやり始めたら、これだけの影響を受ける。おそらくそうなると、次々と他の競合も同じ手を打ってきて、市場は一気にパイの奪い合いになる。他社にそんなことをやられる前に、自分たちで打てる手を打っておく。そのように考えて行動できるのがマネージャーです。


とはいえ、先に述べたように「今あるもので仕事をしている」人たちに、現状を変更することの理解を得るのは簡単ではありません。それをやっていくためにマネージャーに必要なのは「厳密さと曖昧さ」を同時に許容して進めようとする姿勢です。

どんなことも厳密に考えると、我われのビジネスはこういうものである。従ってそこから外れるものはできない、ということになってしまいます。そうすると新しいものは、そこに入れなくなります。

なので、ビジネスの根底にあるものは、それもやり続ける。だが、それだけでは将来が厳しいのでさらにそこから発展させたものもやっていくようにするのです。

とくに経営マネジメントに関わるマネージャーの大きな役割のひとつが「今日のビジネスと明日のビジネスのバランス」を考えることです。目先の数字をつくることに100%

以上のリソースを充てていると、目先はそれでうまくいくかもしれませんが、明日がありません。

一方で、明日のビジネスに多くのリソースを割いていると、足元が崩れていきます。このバランスが難しい。


現場は目先の仕事をきちんとするのが仕事というマネージャーもいます。そういったマネージャーのもとでは現場のメンバーは「今」しか見なくなります。

しかし、これだけだと、現場で生まれているはずの明日のビジネスのヒントを見失います。その感覚を持っている社員が辞めたり、そういう芽が摘まれます。

顧客接点の現場が明日のためのヒントに対して最も敏感でなければ、明日のビジネスづくりが遅れます。

現場で感じた様々なヒントを吸い上げ、そのポテンシャル（成長性）と自社がやることの意味を考え実行計画をつくるには、やはりマネージャーが「今日と明日」のどちらも見ている姿勢を現場のメンバーにいろんな機会で見せていく必要があるでしょう。

26

優秀なプレーヤーで終わる人は
論理で話す
優秀なマネージャーとなる人は
ストーリーで話す

ストーリーを持って話すというのは、とても重要。自分の話が相手に「伝わって」実を結ぶか否かは、このストーリーにかかっています。

ストーリーというと「起承転結のことですか?」という人も多いのですが、それだけではありません。自分が言いたいことの起承転結を考えて話すことも、もちろん必要です。しかし、それが相手にとって受け入れがたいものであれば、いくら起承転結が整っていても結果的に「伝わらない」のです。

大事なことは、自分がどうやって伝えるかではなく、相手にどうすれば「伝わるか」を考えること。自分が伝えたいことを、膨大なデータと共にプレゼンする人がいますが、それで相手に伝わるかといえば疑問でしょう。

一個一個のデータに意味があっても、全体として「何が大事で、何が言いたい」のかが伝わってこないのは、そこに相手が受け取れるストーリーがないからです。

それならばと「空・雨・傘」のようなフレームワークを使って、そこにすべて乗せようとする人もいますが、それも無理があります。換骨奪胎して、伝えたい相手にとって一番いい形にするプロセスが抜けているために伝わらないのです。


機械やシステムなどを扱うＢｔｏＢのビジネスをやっている人は、データやスペックを示すことで伝えようとします。小売りなどのＢｔｏＣのビジネスをしている人は、抽象的なイメージや感覚も用いながら伝えようとします。

どちらも、それだけではバランスが良くありません。人間は理屈と感情の両方を持ち合わせているからです。


そうした相手の「頭の中」「心の内」まで思い描いて、自分が持っているストーリーを相手のためのストーリーになるように組み立てることが必要です。 相手が魅力的に感じ、相手が自分のメリットとして受け取れる話にするということです。

そのためには、自分が言いたいことが１００あるとすれば、80ぐらいにすることも大切です。あれもこれも伝えなければという気持ちが、肝心のストーリーをわかりにくいものにしてしまうからです。

100をすべて話さなくても「何が大事で、何が言いたいのか」が伝われば、そもそもの目的は達成できます。

優れたプレーヤーは自分のストーリーを完結させるために情報収集をしますが、優れたマネージャーは相手のストーリーを完結させてあげるために、必要なものだけを補足していきます。

自分のストーリーはちゃんとあるのですが、自分が一方的に話すのではなく、相手が「今、何を気にしているか」をちゃんと同時に察知し、そのための質問などもしながら、その場で相手との共同作業でストーリーをつくっていくイメージです。

こうしたストーリーづくりの極意を自分のものにすれば、マネージャーとしての力は大きく飛躍するはずです。

27

優秀なプレーヤーで終わる人は
自分の主観で動く

優秀なマネージャーとなる人は
自分を客観視して動く

自分を客観視する。これこそマネージャーが絶対にやるべきことです。自分を客観視できない人がマネージャーをやるのは悲劇です。

人間なので、自分を常に客観視するのは限界もあります。それを可能にするためには、そのときどきの置かれている状況の中で、自分を「一人のキャスト」として見てみます。

つまり、自分がマネージャーとしてその場に立ちながら、同時に自分は演出家にも回って全体を俯瞰して見るようにするのです。

自分が置かれている状況を俯瞰して、関係者から期待されている立ち居振る舞いをする。この動き方を意識的にしている人は、どこへ行っても引っ張りだこです。

期待されている姿をイメージして、その姿を徹底的に演ずることはそんなに難しいことではありません。

全体が成すべきことは何か、その中で自分が成すべきことは何か、この判断さえできればいいのです。あとは成すべきことを遂行できる実力があるかどうかです。この実力も、経験と本人の自助努力でどうにでもなります。

たとえばサッカーのピッチに自分が立っているとします。自分が前線で攻撃を行うフォワードの視点だけしか持っていなければ、自分のところにボールが来る視点だけで動いてしまいます。そのときにピッチ全体の動きを俯瞰で見て、どの位置に自分がいると味方がパスを出しやすいかという視点を持っていると、自分の主観だけではなく客観の視点を持てるようになります。

結果的に味方のパスももらいやすくなり、ゴールを決める回数も上がり、自分に求められる役割を果たせてチームにも貢献できるというわけです。要は「全体観」と「貢献心」を持つことですね。

別にサッカーができなくても、机の上のイメージトレーニングでも客観視を養うことはできます。

今日のスケジュールを見渡して、「ここで自分がこういうふうに動けば、みんながうまくいく」「こんな展開になるようにするには、どうすればいいか」とイメージすることも自分を客観視することに繋がります。

28

優秀なプレーヤーで終わる人は勉強で学ぶ
優秀なマネージャーとなる人は経験で学ぶ

人材育成の「70：20：10」という数字があります。70％は「経験」、20％は「人とのやりとり」、そして10％が「勉強」です。人材育成を考える際には、この割合を意識せよというものです。その通りだと思います。

大事なのは「勉強」は割合が少ないから軽視していいということではありません。仕事で成長していくために必要な知識や言葉を知らないと、共通言語が持てないので、人とのやりとりや経験をするときにも困ります。

そのうえで、さらに重要なのは「何を経験するか」です。ある期間内にどのような仕事を経験するか。経験を通じて、自分に欠けていることは何か。質的量的により高いパフォーマンスを上げるために何が必要なのか。これらを自分で考え、必要なインプットを「研修」や「勉強」を通じて得られるようにする。

この流れをプロデュースするのも人材育成をするマネージャーの役割です。また、それができるマネージャーは自分自身も、そうやって経験の中から学んで成長してきているのです。

そもそも研修や勉強は、本人の「これを身に付けたい」という動機があって、はじめて生きてくるものです。会社から言われたから、というだけでは、実際に身に付けて使うことを意識していないので、ただの勉強で終わってしまいます。

本人が「これは自分に大事なことだ」「これが足りなかったんだ」という気づきがあり、そこから「学びたい」という気持ちになるプロセスが重要なのです。

私が体験型ケーススタディ：Organization theater（OT）を考案したのは、これを1日～3日のプログラムの中でなんとか実現したいと思ったからです。OTを通じて参加者に気づきを得てもらい、本人の「その気モード」が開いているうちに、個別のトレーニングメニューを提供。コーチが一定期間その進捗を確認していくという流れにしました。

体験型ケーススタディには、体験した人にしかわからない「感情の揺さぶり」があります。この揺さぶりが気づきにつながります。

中にはプログラム参加中に自分を変えていく人がいます。こういう人はポテンシャルが高い。環境に適応して、自分のあり方を変える術を心得ています。自分を変える伸びしろがあるからこそできることです。

一般的には、年齢が上がるにつれ、経験を重ねるにつれ、自分を変えることが難しくなります。「自分の型」ができあがるからです。既にお話ししてきたように、自分の型を持つことはマネージャーにとって大切です。

ただし、その型が「融通の利かない型」になってしまっている場合は大変です。この場合の「自分の型」は「自分の殻」と言ったほうが適切かもしれません。

この「殻」が厚く、そこから出てこられなくなっているケースがあるのです。

あるとき、体験型ケーススタディ（ＯＴ）でこのケースに遭遇しました。彼は若いころから将来を嘱望されていた人材だそうです。しかし、殻が強烈に硬くなっていました。頑固とかこだわりがあるというのではありません。自分のスタイルを変えられないのです。そうなると、ここが彼の限界。伸びしろはゼロ。聞くとエースであったが故に、ずっと同じ範疇の仕事をさせられてきたようです。環境変化が小さい中で20年やらされてしまった、そのせいです。

本人も、どこかで変えないといけないと頭ではわかっていたのですが、行動することができませんでした。殻から出ることができなかったのです。

なぜ、殻の外に出ることができなかったのか。その深層にあるのが「傷つくことへの怖れ」だと思います。殻の外に出てしまうと、自分でコントロールできない環境下になります。どうなるかわからない。失敗するかもしれない。失敗したら自分が傷つく。怖い。だから殻から出ない。

失敗して傷つく。いいじゃないですか。失敗して傷ついた方が気づきが大きくなります。

その傷は成長の原動力になるはずです。傷つくことを怖れて行動を起こさないでいると、小さくまとまってしまいます。そのうち、伸びしろが枯渇して自分のキャパシティが確定してしまいます。

むしろ、失敗経験のないマネージャーのほうが危険です。小さな融通の利かない器でみんなを受け入れて、みんなのポテンシャルを引き出していくことなんてできないでしょう。

失敗による傷のかさぶたは、マネージャーにとってむしろ勲章なのです。

29

優秀なプレーヤーで終わる人は
年長者に対抗する

優秀なマネージャーとなる人は
年長者に可愛がられる

若くしてマネージャーになると、どうしても「自分がなめられたくない」という意識が働きます。身なりや態度、言葉の端々に、必要以上に自分を良く見せようというものが見えてしまうのです。

これは上の人から見ると滑稽なのですが、誰しも通ってきた道なので仕方ありません。私も覚えがあります。年長者と接すると緊張しているのに、わざわざ難しい言葉を使って長々と話をしてカッコつけをしていたのです。

経験を積んだ年長マネージャーになると、年下のマネージャーを見ていて「自分はこんなにできる」とアピールしてくるタイプと、「ここが困っていて」と弱みを見せてくるタイプがいることがよくわかります。

後者のほうが、年長マネージャーは「こいつを何とかしてやりたい」となるのです。

年長者に可愛がられるのは、未熟で荒削りでも自分を等身大で出している人。知ったかぶりをして自分は何でもできるという顔をしていると「勝手にやれば」となります。大事なアドバイスがもらえなくなるのです。

とはいえ、変に年長者に馴れ馴れしいのも感心しません。基本的に年長マネージャーに対してリスペクトの気持ちは大切です。それを踏まえた上で、素直に年長者とも向き合っていると、年長マネージャーは「こいつをもっと伸ばしてみたい」「支えてやろう」という気持ちに自然となるのです。

人との付き合いで礼儀はもちろん大切ですが、ポジションが上だから下だからで、変に媚びたり線を引くのも違います。**人を最初から色づけしたりせず、あくまで「素直」に接する人が、いろんな人から可愛がられ多くのことを経験させてもらうことができ、結果的に成長することができるのだということです。**

30

優秀なプレーヤーで終わる人は
自分のための時間配分をする

優秀なマネージャーとなる人は
メンバーのための時間配分をする

時間はみんなに平等にあります。しかし、マネージャーになったあかつきには時間の概念を変える必要があるのです。

プレーヤーのときの時間は、自分のために使うものです。それに対してマネージャーにとっての時間は「相手のために用意するもの」、つまりメンバーのために使うものに変わるのです。

しかもマネージャーは、自分のことをやりつつ同時にメンバーのこともやらなければなりません。本来なら時間が2倍欲しいところですが、同じ24時間という環境は変わらないわけですから、時間の使い方を工夫するしかないわけです。

基本は、やはり自分の時間のブロックです。いつまでに何を仕上げるかを考え、自分のスケジュールの中にそのための時間を確保しておく。これが時間のブロックです。自分の時間を確保できていないと、メンバーのために時間を使うことができません。

そのあたりのことを心得ているマネージャーは、頻繁にメンバーの情報を入れて、次がどうなるかを想定しながら先の時間をつくり出すようにしています。それができないと、気が付いたらどんどん時間がなくなっていき、チームやメンバーが困った状況に陥ってから「どうするんだ！」と怒るしかなくなるわけです。

しかし、そうは言ってもなかなか予定とおりに進まないのが世の常。マネージャーは、こうした「不測事態」をある程度想定して、時間配分を決めます。

また、マネージャーは何でも自分でやろうとしてはいけません。ほんのちょっとしたことでも、積み重なるとそれなりの時間になります。可能な限りメンバーに「インソース」しましょう。

重要な仕事であっても、極力メンバーに託すのです。これがメンバーの成長にもつながりますし、マネージャー自身も新たなことに時間を割けるようになります。

私もこういったタイムマネジメントが完璧かといえば、そんなことはなく課題がいっぱいあります。新しいこと、こうすればみんなが面白いことになりそうだと思ったらやりたくなるタイプなので時間は慢性的に不足しています。

だからこそ、自分への戒めとしても時間への意識を忘れないようにしたいのです。

31

優秀なプレーヤーで終わる人は
社内に人脈がある

優秀なマネージャーとなる人は
社外に人脈がある

人脈を持つことはとても重要なことですが、少し勘違いをしている人も少なくありません。そもそも人脈は自分の目的達成のためだけにつくるものではないのです。

優れたマネージャーとなる人は、とくにそうです。自らの利益を考え、人に接触しようとするのではなく、「この人のために自分が何ができるか」と思って人とつながっていきます。同じように人脈をつくっていても根本が違うわけです。打算ではなく「この人のために」と思って動いていると、不思議にリターンがやってくるようになります。

「Give and take（与えて得る）」というのはよく使われますが、それは自分中心の考え方。最初から自分がリターンを得ることとセットになっている匂いがします。そうではなく、優れたマネージャーがやっているのは、「Give and given（与えると与えられる）」というもの。

社外の人とつながることは取引ではないのです。なぜ私が、そう実感するようになったかというと、外資系コンサルティングファームの社長になったときに、ある別の外資系コンサルのパートナー（役員）と知り合い、その人がやたらと自分に直接的な利益がないのにいろんな人を紹介してくれたからです。

なんだか、そういう人との繋がり方や紹介の仕方が新鮮で、「あ、これいいな」と思ったのです。そこに何の作為もなく、ただただ単純に自分が引き合わせた人が誰かと繋がって、何かの役に立ったり、新しいことが始まれば自分が嬉しいからというだけ。

以来、私も自分の仕事に関係する人もまったく関係しない人も、年上も年下も、何か「自分と合いそうだ」と直感したら、すかさず連絡してご飯を一緒したり、そこからその人と合いそうな人をまた引き合わせたりということをやるようになりました。

そこに1ミリでも「打算」があるとダメ。そういうのはうまくいきません。

自分がただでさえ忙しいのに、「あ、今この人とこの人を引き合わせてあげたら面白い」と思ったら、自分に何もなくても、そのために動いてしまう。そういうことをやっていると、自然に自分のまわりにも、今度は自分のために人を繋げてくれる人が集まってきたりします。そして結果的に、そういう人たちにいざというときに助けられたりもするのです。

32

優秀なプレーヤーで終わる人は、
よそ行きの店を知っている

優秀なマネージャーとなる人は
我が家のような店を持っている

良いレストランとは、いつ行っても当たり前のように出迎えてくれる馴染みのレストランのこと。そして、その店で食事をすると、なんだかエネルギーが充電されるような気がするので、また行きたくなるのです。

もともとレストランとは古いフランス語で「回復させる」という意味の言葉に由来するもの。また「食事」は「人に良い事」とも書くぐらいですから、優秀なマネージャーは、元気を回復させてくれる良い食事の時間を提供してくれるレストランを何軒か持っておくべきです。

そういった馴染みのレストランは、目的や連れていく人に合わせて選びます。そもそも会食をしたいときというのは、その人と信頼関係を深めたいわけです。ですから、自分の家に食事に招くのが本来の姿。

とはいえ、準備も大変ですし、おもてなしレベルの食事がつくれる設備や雰囲気もないとなれば難しい。**そこで、セカンドハウスを持つようなイメージでTPOに合わせたレストランをいくつか持っておくのが良いのです。**

そういったレストランをそのときになってネットや情報誌で選ぶのは、ちょっと違います。なぜなら、自分の家のように振る舞えるぐらい、その店の人とも人間関係ができていないと無理。そのためには、自分で何度も足を運んでいなければなりません。

間違ってはいけないのは、その店で自分が威張れるようにするというのではないということです。私も昔、自分がもともとホテル出身だったこともあって、行きつけのレストランのサービスを必要以上に厳しい目で見て、それを伝えたりしていたこともありました。

今から考えると、なんとも器の小さな行動です。

自分が気持ちよくサービスを受けたいのなら、普通にちゃんと足を運んで、自然にお店の人と仲良くなり、意思疎通できるようになっていればいいだけの話です。

ちなみに私の経験上、常連と認知されるには月に5回ぐらいその店に通う必要があります。そういった贔屓にしたい店が5軒あると、もう平日は毎日どこかの店に通わなければならないという新たな問題も発生するのですが。

33

優秀なプレーヤーで終わる人は
休まずに仕事をする

優秀なマネージャーとなる人は
休み方を知っている

休むことは、とても大切です。この「休む」にも2種類あります。

エネルギーを回復させるための「休む」と、自分を空っぽにするための「休む」があるのです。

いろんなことをやっている人は、定期的に後者の**「空っぽにする」ための「休む」をやっていないと、自分の中の空きがなくなって新しいことができなくなります。**とくに気持ちに「空き」があるかどうかはかなり重要です。

Vacation は自分の中に Vacant（空き）をつくるものです。空きがあるから、いろんなことができるわけです。

空っぽにするための基本は寝ること。自分の中に余裕がなく、何をするにも動作が重い状態になってきたら、運動したり、しっかり睡眠をとるだけでもかなり回復できます。

浪人時代に予備校に通っていたとき、古文の先生が言ったことを今でも覚えています。

「勉強に行き詰ったら、1日休んで海に行きなさい。一切、勉強を忘れて遊びなさい。そうすると夕方4時くらいに「これでいいのか」と思い始める。思わない人は、また来年も予備校にお金を払ってください」

先生の言葉に思わず笑いましたが、その通りです。なるほど、と思いました。

私は、会社でも休みを取るのに基本的に許可はいらないと考えています。そもそも、ちゃんと仕事をしていて、休みを取るために上司にお伺いを立てるのは変だなと思いませんか？

何も言わずに休むのはダメですが、クライアントや同僚に迷惑がかからないように自分で仕事の段取りをつけて「休みます！」と宣言するだけでいい。そういう空気をマネージャーがつくったほうがいいと思います。

34

優秀なプレーヤーで終わる人は
数字だけを大事にする

優秀なマネージャーとなる人は
数字のストーリーを大事にする

マネージャーは最終的には数字で語れなければいけません。ただし、数字だけを証拠として示すのではなく、数字にストーリーを付けられるかどうかが大事なのです。

ある数字が出てきたら「こんな数字になっています」というのではなく、「なぜ、この数字になったのか。この数字の意味するところは何か。ここから何をすればいいのか」を語れることが必要だということ。

つまり、過去の結果として数字を大事にするのではなく、これからこの数字がどうなるかのフォーキャスト（予測）としての数字が大事なのです。

数字をストーリーで語ることの重要性は、私がキャドセンターの再建に携わったときに身に染みました。外資系の会社ではＰ／Ｌ（損益計算書）だけ見ていればいいのが実態ですが、普通の会社ではそうはいきません。Ｂ／Ｓ（貸借対照表）や資金繰りが最も大事。

ビジネススクールでアカウンティングやファイナンスを勉強したとしても、それだけでは経営の数字はわかりません。たとえ小さくとも「自分の箱」を持ってみるとわかることがたくさんあります。自分が責任を持っているチームがどこにどんなお金をかけて、どんなアウトプットを生み出しているのかを考えないと、数字をストーリーで語ることは難しいのかもしれません。

とくに大企業で普通に働いていると、そうした数字のリアルな感覚を持ちにくいのです。CCC時代に幹部の全体会議をやったときに、「この会議にかかっているコストはいくら?」という質問をしても、返ってくる答えは「……会場費でしょうか」というだけでした。

当時のCCCは関連会社が100社以上もあり、オールCCCとして全体最適の動きをするにも統制が取りにくい状態になっていたため、その整理統合を進めるのが私のミッションだったのです。

つまり、それだけの数の幹部が集まっている会議のコストは会場費だけであるはずがなく、出席者の対時間あたりのコストなども考えれば膨大なお金を使っていることになる。そのことが、ずっと大きな組織にいると自分ではわからないのです。

ある数字が出てきたら、それを局所だけで見てはダメです。一つの数字も、繋がっているその他の要素も含めて理解しないといけません。自分ではしっかり稼いでチームに貢献していると思っていても、間接費も計算したらじつはそんなに利益は出せていなかったということもあります。

海外出張が多く、常に飛び回っているような仕事をしていると「仕事をしている」気がしてきます。しかし、実際に売り上げに関わっている時間も含めて計算したら自分の給料分も出せていなかったりするのです。

プレーヤーとして動いているときには、なかなか数字のストーリーが見えません。だからこそマネージャーが、そうした数字のストーリーを見せてメンバーに意識させることが必要だということです。

35

優秀なプレーヤーで終わる人は怒りを表す

優秀なマネージャーとなる人は「叱る」と「怒る」を使い分ける

マネージャーに必要なのは、どんなときも自分のコントロールを失わないこと。

とくに「怒る」という状態は自分のコントロールができない状態に陥りやすいので、そうならないようにしなければいけません。

何かメンバーに指導すべき出来事があって、最初はちゃんと話すつもりでも、マネージャーの感情が高ぶってくると、相手のほうも刺激されて感情的になり「怒りのバリア」が生まれがちです。

「言われている内容はともかく、この言い方が！」という感情になり、本来、省みる内容はもうどこかに跳ね返されて飛んでしまうわけです。そうなると、今度はマネージャー側も「どうして素直に聞けないんだ！」となり、お互いに感情のぶつけ合いにしかなりません。

そこを頑張って自制するのがマネージャーです。

そもそも怒りの感情が湧くのは人間ですから仕方ありません。だとしたら、怒っているときは何も動かないほうがいい。言いたいことが山ほどあっても一度には言わない。言うべきタイミングも推し測ることを心がけてみましょう。

なにしろ、言われる方からすると「聞く準備」がありません。誰でもあれこれ言われると、なぜ、自分がそうしたのか言いたくなります。そこまで言われたくはない。自分だってそれなりに考えて行動しているんだ！ と言いたくなるわけです。

そこで、何かを言おうとすると「言い訳するな」と言われる。そうなると、気持ち的にはどうしようもなくなります。瞬間的に（もうこの人とはやれない）という気持ちになります。

そうではなく、マネージャーがきちんと機を見て意図的に怒るのは「叱る」です。

たとえば、本当にこのままではその人のためにならないということがあったとき、**あえてマネージャーは「意図的にもう一切話をしない」という状態をつくります。**相手が釈明に来ても会わず、電話も取り次がないのです。ほかのメンバーにも「その話は聞くな」と指示します。

けれど、社内の誰か一人だけは話を聞いてもいいという「逃げ道」をつくっておくのです。もちろん、その一人は、ものごとがわかる人になってもらいます。一切、誰も話を聞いてもらえないとなれば、もう行き場がなくなり、それはそれで別の苦しみが生まれてしまいます。

叱る相手に与えたいのは、「苦しみ」ではなく、釈明をやめて次からどうすればいいかを「考える時間」です。逃げ道となった一人と対話しながら、相手が「考えた」ということが伝わってくれば、その時点でこちらから改めて話をする。

そういう「叱る」という方法もあるのです。

そもそも、どんな人も「怒りたくて怒っている」わけではありません。怒りという感情は自分という存在が侵されることへの恐れから起こるものです。自分の存在が不当に扱われたり、自分が大切にしているものが蔑まれたりすることが「怒り」の感情を呼び覚まします。だからこそ、マネージャーはどんなに怒りたくなるときでも、怒りに流されずに「叱る」ことで相手の存在を認めるということを忘れてはなりません。

36

優秀なプレーヤーで終わる人は忙しさを増幅させる
優秀なマネージャーとなる人は忙しさをまわりに伝染させない

優秀な人ほど忙しいのは世の常です。しかし、優秀で忙しい人にも、なぜか余裕を感じられる人と、そうでない人がいます。

何が違うのでしょうか。とくにマネージャーが忙しくしていると、その忙しさがまわりのメンバーにも伝染してチーム全体が常に余裕のない状態になります。

忙しくとも、どこかに余裕があるマネージャーのチームは、メンバーも忙しいながら、今日と明日のビジネスのバランスも取れていて、楽しそうに仕事をしているのです。昔の私は、なぜ忙しいのに、そんな余裕を持てるのかがまったくわかりませんでした。

そこで、優秀で忙しいのに余裕がある経営者に、その秘訣を聞いて回ったことがあります。

そこでわかったのは、まず、ものごとを処理するスピードが速いこと。とくに、メールの対応が速い。

今ではメールでの報告相談が当たり前になっています。そのメールの対応をどれくらいの速さでやるか。その日のメールはその日のうちに処理するのが大原則。とはいえ、トップに立つようなマネージャーには1日平均250~300くらいのメールが来ている。外資系などは昼夜関係ありません。気が付いたら1日中、会議とメールしかしていない。

いったい、どうしているんですか？ と聞いたら、メールは、隙間の時間でやるものだと教えてもらたのです。

さらにメールが来たら、電話で処理する。メールが来てメールで返していたら、永遠に続く。なるほどと、思いました。メールに対して電話をしたら一発で終わります。メールにCCに入っている人がいたら、その人たちにも伝えるように言います。

たまに長文メールを送ってくる人もいます。しかもちゃんと読まないとわからない。そういう人はそれなりの気合を入れてメールを作成して送ってきているわけですから、返信がないと心配になります。

優れたマネージャーは、長文メールを読んだことは即レスして、来週火曜に返信すると伝えるのです。そうすることで、相手も他の段取りができます。つまり、マネージャーは忙しくとも、その自分の忙しさを周囲に伝染させないように考えて動いているのです。

37

優秀なプレーヤーで終わる人は、みんなを従わせようとする

優秀なマネージャーとなる人は、みんなをフォローする

私は38歳のときにマーサー・ヒューマン・リソース・コンサルティング（現マーサージャパン）という外資系の人事・組織コンサルティングファームの社長になりました。ところが、最初の2年間は社長失格でした。38歳というのはファームの中ではちょうど平均年齢でした。コンサルタント経験5年で社長になったのですが、もっと経験が長い人はたくさんいました。しかも私はPh.D.やＭＢＡといった学歴がありません。

若かったこともあって、なめられてはいけないと、自分だけで少し頑張り過ぎてしまったのです。自分でビジョンを描き、戦略を立て、「これでやりましょう」という具合に。良い会社にしようと、自分なりに一生懸命考えてやっていたのは事実です。社員全員を集めて話もしました。部門長一人ひとりと話をしました。ところが、私の考えがまったくウケない。そもそもコンサルティング会社ですから、屁理屈の権化みたいな人間がたくさ

んいて、すぐに口論になるわけです。最後には「社長の言うことが聞けないのか！」という状態になり、「クビだ！　降格だ！」なんていう荒っぽいことをやっていました。

私には「瞬間湯沸かし器」というあだ名がありました。学生時代から演劇の演出をやっていたこともあり、演技でモノを投げたりするなんていうのも当たり前でした。どちらかと言えば「とにかく俺の言った通りやれ」なんて言ってしまうキャラだったのです。それが完全に裏目に出ました。社員がずいぶん辞めていきました。コンサルティングファームは花形職業でしたから、入社人数も多くて離職率はとても高かったのです。

あるとき、全社員会を開いて下期の方針を説明しようと社員に招集をかけたのですが、人が集まってこないのです。来たのはたった数人。頭に来て事務局に文句を言っても「いや～」と、とぼけたことを言っているし、部門長に携帯で電話をしても「急な商用があって」などと言われる始末。

頭に来た私は「解散！」とだけ言って社長室に戻り、椅子を蹴ったりモノを投げたり荒れ狂っていました。そこに当時の秘書がつかつかと入ってきて私の腕をつかみ、「こっちへ来なさい！」と言われました。そこで椅子に座らされ、彼女からバサッと紙の束を渡されたのです。

それは、私が夜な夜な社員に送信していた電子メールのコピーでした。どの紙にも酷い表現のところに線が引いてあるのです。それを見ながら秘書は「夜中の2時、3時に社長がこんなに大勢の社員に対して、CCをつけて個人攻撃をするなんて。そんな会社で働きたいと思う人間はどこにもいないよ！」と言って去っていきました。

これはショックでした。

メールの文面を改めて見ると確かに酷いのです。自然に涙が出ました。自分は会社を良くしようという気持だけで必死に働いていたつもりでした。

すべてのメールに対応もしていました。CCされたメールにも即レス。ミーティングにはすべて出て、すべての発言にあれこれ指示を付けていました。いわゆる「マイクロ・マネジメント」の極みだったのです。

結局、私は自分がやりたいことをやっていただけで、社員がやりたいこととはまったく違っていたのだと、そのときに初めて気がつきました。「これはまずいな」と。

そして、意を決して、みんなの前で「申し訳ありませんでした」と謝罪しました。

「私はこれから変わります。今まではYou work for me. だったけれども、これからはI work for you. になります」と宣言しました。

しばらくは信用されませんでしたが、半年も経つと社員の側に変化が見えてきました。

自分自身も楽になったし、全体が見えるようになってきました。以前は会議という会議にすべて出て片端から仕切っていましたが、一歩引いて見ていると「彼はかなり伸びてきたなあ」とか「この視点が落ちているなあ」というのが見えるようになったのです。

さらに不思議なことに、そうやってマネージャーである私が一歩引いて余裕を持ち、自分が何でもかんでも引っ張るのではなく、メンバーが主体的に動いて足りないところをフォローするようになると、社員も辞めなくなり業績も上がっていきました。

自分に余裕があるので社外の公的なお手伝いをすることもでき、それがまたマネージャーとしての自分にたくさんのプラスの経験をもたらしてくれました。前述した企業の第三者委員会の副委員長などもそのひとつです。

「こんな社長が理想だな」というイメージを持って、それを演じるうちに、次第に楽になっていったのです。仮に何かで失敗しても「このパターンはダメなんだな。じゃあ次はこれでいこう」と前向きに切り替えることができるようになったのです。

ここから改めて言えることは「社長やマネージャーとは偉い人のことじゃない」ということです。マネージャーは I work for you. でなければダメなのです。

38

優秀なプレーヤーで終わる人は、
理を全面に持って進む

優秀なマネージャーとなる人は、
理と情のバランスを持っている

マネージャーに求められることの究極は「理と情のバランス」です。

合理的なものの見方ができる上に、ヒトの気持ちがわかる。状況に応じて、「理」と「情」の案配をコントロールできる。これこそ、マネージャーが目指す姿だと思います。

しかし、この「理と情のバランス」を鍛える場というのが、現実には難しい。実際にマネージャーになってみて、それこそ七転八倒するしかないのです。

理と情のバランスで「理」だけとなると、鍛える場は結構あります。「理」を鍛える教材や学校・研修機関はたくさんありますし、それを問われる場面もたくさんありますね。受験などは、まさにそうです。数式の答えを出すのに人間の「情」は必要ありません。

いわゆる「頭がいい」というのも、「理」の部分を指して言われます。だからこそ、みんながここを鍛えようとするわけです。ここは鶏と卵の関係です。「理」を問われる場面が多いので鍛える場が多く、それが循環してさらに強化されるわけです。

ただし、「理」がいかに優れていても、実際の世の中では「理」だけではダメなことは誰でもわかっています。

ところが、「情」を深めたり、「理と情のバランス」を鍛えたりすることになかなか意識がいきません。とくに仕事や組織の中で起こる出来事に関しては、「理」が優先されることが多いからです。

もちろん「情」の豊かさを否定する人はいません。どんなに優れていても「情」がない人には魅力を感じませんし、ヒトの気持ちがわからない人には人心が集まりません。

ところが、「情」はいかに豊かであっても、それが芸術分野などで表出しない限り、その人の評価の土俵に乗ってきません。そこが課題です。「情」の部分を深める、豊かにすることへの社会・経済的なインセンティブが弱いのです。ここは学校教育、入学・入社試験、人事評価基準を変えないと変わりません。

「情」の部分を豊かにするのは、「理」を鍛えるよりもはるかに難しいでしょう。「情」は自分だけではどうにもなりません。いろいろな人との関わりや体験から育まれるものです。

自分の器の大きさが問われます。一朝一夕にどうなるものでもありません。**だからこ**

そ、マネージャーを目指す人がここを意識して若いうちからやっておかないと、いざマネージャーになったときに大変です。

現職のマネージャーの方であれば、それこそ相当意識して「情」に取り組んだほうがいい。そうでないと頑張っても、頑張ってもアイドリングしてしまいます。

こればかりは、本人がその気になるしかありません。染みついた「理」優先マインドのせいです。「情」が大事なのはわかっているが「理」が強いほうが「優れている」とどこかで思ってしまっているからです。

あるとき、大学生から「どうすれば、情を豊かにできますか?」と聞かれました。難しい質問です。私の答えは、こうでした。

「自分の殻を破ること。そうしないとまわりの人が入って来れない」

このやりとりは自分への戒めでもあります。ちっぽけなプライドが自分を開くことを制限するのです。私も含め、どんな人にもその要素はあります。だからこそ、いつも自分を開いている意識を持つことが必要です。

そして最終的には「理と情」のどちらもが同じところで繋がります。表面上は「理と情」がトレードオフのように見えても、どちらも大事にして突き詰めていくうちに、ちゃんとつながってバランスが取れるのです。

39

優秀なプレーヤーで終わる人は
自分中心にプレゼンする

優秀なマネージャーとなる人は
相手中心にプレゼンする

パワーポイントを駆使してチャートを使い、こんな分析をしました！ というのがプレゼンが上手いということではありません。

ところが優れた人ほど、自分がどれほど調べて分析したかということを「説明」するプレゼンをしようとします。これでもかというほどの情報を集めて、すべて出してしまう人は「自分はこんなにやっています」ということを主張したいのです。

本当にプレゼンが上手い人は、プレゼンを通していろんな人をコネクトしていくことができます。「要は何か」という的確な説明をしながらも、プレゼンを通してちゃんと人が繋がることを意識しているのです。

プレゼンの極意は「ホスピタリティ」です。自分が「言いたい話」を言うのではなく、相手が「聞きたい話」を話すこと。相手の反応を常に受け入れられるように、相手に対して「開いている」プレゼンができているかどうか。相手の表情を見て話のスピードを変えたり、ときには中身を変えたりして、プレゼン中も常に相手とコネクトすることが必要なのです。

そもそもプレゼンの主役を多くの人が間違えています。主役はスライドではなく話し手です。もっと言うならばプレゼンを受けている聞き手です。聞き手に何も伝わらず、コネクトされないプレゼンは無意味です。スライドの説明をしているだけというプレゼンでは、聞き手は何も刺激されないので全体的に「ボーッと」しています。

プレゼンを「プレゼン」として成立させるための基盤は何と言っても「ストーリー」です。これがないと「何を言いたいのか」わからないプレゼンになります。プレゼンまでの努力が水の泡。このレベルのプレゼン力の人がマネージャーだと、そのチームのメンバーは実に不幸です。

また、「スライド」のつくり方も重要です。相変わらず氾濫しているのが「情報量が多過ぎるスライド」です。これはダメでしょう。

手元で「読む」資料とプレゼンで「見る」スライドは根本的に違うもの。ここを混同してはいけません。言いたいことがたくさんあるのはわかります。しかし、あれもこれも書いていくと、聞き手からすると情報量が多過ぎて消化できないスライドになります。我慢しましょう。

スライドづくりの原則は「最少の情報で最大の効果を狙う」です。

最大の効果とはプレゼンの聞き手が「心を動かされる」こと。それは、必ずしも理屈ではありません。情報はシンプルでも、凄い熱量を感じて心が動かされることもあります。そういう状態に相手がなれば、それは「伝わっている」ということです。

「伝わる」とは、あなたが伝えたい「何か」が聞き手に共有され、あなたが期待するように「相手が行動、発言する」状態をつくることです。ここを目指すには、あと２段階必要です。

まずは「雰囲気・話し方」のレベルを上げないといけません。立ち方、話し方、表情に課題がある場合には徹底的に修正してください。ビデオで撮影して自分の真の姿を自分の目で確認するのも有効です。たいていの場合、ビデオに映し出された自分は、自分が思っている以上に「不自然」な動き、立ち居振る舞いをしています。よくありがちなのが、決め手のセリフのときに下を向いてしまったり、不自然な手の動きをしたり、早口過ぎたり、自信なさげな表情であったりするケース。これらの点は「癖」になっていることが多いので要注意です。

《プレゼンの劇的な改善のための7つの秘訣》

次の7つの要素を意識して改善するだけでも、プレゼンは驚くほど変わります。

①言いたいことをひとつにまとめる
②最初と最後に「言いたいこと」を言う
③間にはロジックを投じる
④しっかり前を向いて話す
⑤聞き手の反応を見て力点を変える
⑥間を使う
⑦言葉以外のノンバーバルコミュニケーションを使う

とくに日本人のプレゼンテーションは表情が乏しく、スライドをただ「読み上げて」いるだけになっています。話す言葉やスライドの文字などに頼り過ぎ。どんなに優れたロジックでも、自信なさげだとそのように伝わってしまいます。大したことなくても自信ありげに伝えると、不思議に惹き付けられるものです。

相手の心が動かされるようなプレゼンテーションができるようになれば、次は「伝わる」プレゼンのための最終段階。それが「ホスピタリティ」です。

ここでの「ホスピタリティ」の定義は「相手の期待を予見して動く力」です。

プレゼンにおいては、相手の「こうしてほしい」「こういう話を聞きたい」を予見して、その内容のプレゼンをすることがホスピタリティになります。つまり、相手の関心事を意識しながら自由自在に話す。ここが目指すべき本当のステージです。

もし、自分が用意してきたプレゼンが相手の関心事と違っていたら、すぐさま予定を変更。相手の話を聞きながらその場でプレゼンを再構成する。そういう機転が利くようになるといいプレゼンになります。用意してきたものが「失敗した」ということではないのです。その場でも、相手のために話をするということはできるのですから。

プレゼンは対話（ダイアローグ）です。一方的に話すのではなく双方でやったほうがいいに決まっています。30分のプレゼン時間があったら、用意してくるプレゼンの量は10分程度に留めて、あとの時間は可能な限り、聞き手とやりとりをしながら進める。こうした変幻自在な進め方ができるようになれば怖いものがありません。

最後に、いいプレゼンをしようと思ったら、どんな上達法があるのか。答えはシンプルに「いいプレゼンをできるだけたくさん見る」ということです。

40

優秀なプレーヤーで終わる人は 想定内に強い
優秀なマネージャーとなる人は 想定外に強い

どのような分野でも「変化」がないということはあり得ない時代です。想定外が当たり前と言ったほうがいいかもしれません。

人の想定の範囲は「イメージ力」に起因します。そのイメージがあるので動けるわけです。イメージがないと、どう動いていいのかわからない。だからフリーズします。

イメージは感覚的なものですが、過去に蓄積された経験、見聞きしたこと、勉強したことがそのベースにあることは間違いないでしょう。

ひとつの現象からいろいろな展開が想定できるのは、それらの過去の蓄積を組み合わせた結果だと思います。自分の過去の蓄積の中でも、想定外に対応するために有効な順番があります。

①自分の経験
②身近な人の経験談を見聞きしたこと
③知らない人の経験を見聞きしたこと（メディア、映画、講演など）
④本やテキストからの勉強

この順番を決めているものは、自分の感覚・感性に、そこからの「学び」がどれだけ入ったかの程度による差です。自分で経験したものは、それはがっちり効いているはずです。一度自分で経験したことはイメージとして焼きつきます。昔から「百聞は一見に如かず」というぐらいですから。

身近な人の体験もそれなりに効きます。「良かった」「残念」「辛そう」「大変だったね」と共感できるからです。これも自分の感覚・感性に入ってきます。テレビなどのメディア、映画、講演も感受性が敏感な人であれば、それなりに入ってきます。

一番入りにくいのがテキストからの勉強です。本やテキストが無駄というのではありません。自分の経験をもとに「それはこういうことだった」「こういう構造になっている」という整理をして、次に体験したとき応用するヒントにできます。

ただし、この本もそうですが、テキストを読んだだけで実際に行動して体験しなければば、そこからの学びは身に付いたとは言えません。

マネージャーにとって大事な力は「不測事態への対応力」です。組織にとっての「想定外」であったとしても、マネージャーの度量で乗り切ることが求められます。そういう力を鍛えるためには、本・テキストがいつも最初に来てはダメだと思うのです。

まずは体感・体験。そのあと、本・テキストで知識として補ったり体験を構造化して整理する。このプロセスが大事なのです。

体感・体験を増やすには、自分から行動を起こすしかありません。いつも周囲の様子を伺いながら動いていたり、言い訳が先行していたりしたら、自分の体感・体験は増えません。誰かがやってくれるだろうとか、自分が動いても動かなくても変わらないという考えを捨てて、常に「自分のやることは何だ？」と考えて動くこと。その積み重ねが想定外の強さを鍛えてくれるのです。

第2部

4つのワークスタイルとマネジメントスタイル

PART 2
One's work style and management style.

優れたマネージャーのチームマネジメント

チームの中でマネージャーがどう振る舞うか

第1部では、優れたプレーヤーと優れたマネージャーの違いを比較しながら、優秀なマネージャーの「行動」「考え方」「心の持ちよう」などを明らかにしてきました。

しかし、それだけではないのです。

真に優れたマネージャーは、チームの中で生きてくるものです。優れたマネージャーと優れたフォロワーは対になっています。当然ながら、チームにはいろんなタイプのメンバーがいます。

このタイプのメンバーとはうまくやれるが、このタイプのメンバーとはうまくやれないというのでは、優れたマネージャーとは言えません。自分のタイプとは正反対の人だって、中にはいるでしょう。そういった人の力もうまく使っていくことは、組織やチームを動かして結果を出すために避けては通れないのです。

その鍵となるのが〝可変性〟です。

序章で「優れたマネージャーとは可変である」という考え方をこの本で提供したいと述べました。**プレーヤーは自分のスタイルを貫くことが良いことですが、マネージャーはチームのダイナミズムを高めていくために、あえて自分のスタイルを変えていくことが必須になります。**


組織やチームが立ち上げ期なのか、安定期、あるいは変革期なのかによってもマネージャーに求められるスタイルは違ってきます。それを同一人物のマネージャーが使い分けなければなりません。

また、チームメンバーがどんなスタイル、タイプの持ち主が多いのかによっても、マネージャーとしてのスタイルの出し方が変わってきます。

どういうスタイル、タイプの人の前でどのように振る舞うかの視点が、マネージャーには重要になってくるというわけです。

自分のスタイルを自然に相手に応じて変えられる人はいいのですが、多くの人はなかなかそうはいきません。自分のスタイルと合わない相手と向き合ったときに、やりにくさを感じたり反発したりします。

そもそも、それ以前に「自分がどんなスタイルで、どんな行動や考え方、心の持ちようの特性があるのか」を自分で把握できていない人のほうが圧倒的に多いのです。

自分の特性がわかっていなければ、相手に対してどんなときにどう振る舞えばいいのかもわからなくて当然。だからこそ、まずは自分のスタイルを知り、相手のスタイルも知ることから始めていきましょう。

こうしたことを簡便に可視化できる診断ツールを探していたところ、IIOSSという会社に出会いました。IIOSSは、アプライドマテリアルジャパンを創業し、同社のグローバル化と1兆円超企業に成長させた岩崎哲夫さんと石井静太郎さんが創立したコンサルティング会社です。岩崎さん、石井さんの経験と日米露でのデータを基に開発されたManagement Profiler（MP診断）に基づき解説します。

マネージャーは「4つのスタイル」を使い分ける

じつは、皆さんはもうすでに、自分自身で自覚しているしていないに関わらず、それぞれ固有の「マネジメントスタイル」を持っています。

ざっくりと言えば、皆さん自身が自然に指向性を持っている仕事のスタイルです。それは、皆さんがプレーヤーの時も、マネージャーになってからも、それほど変わらないものです。このマネジメントスタイルは次の4つの型に分類されます。

A型（仕事人タイプ）Accomplisher
R型（管理者タイプ）Regulator
C型（起業家タイプ）Creator
U型（調整役タイプ）Uniter

それぞれのタイプごとに、異なるマネジメントスタイルと行動特性を持っています。ただ、残念なことに、多くの人が自分のマネジメントスタイルがどんな特性を持ったタイプなのかを知らずに仕事をしています。

A 仕事人	R 管理者
C 起業家	U 調整役

そのために、自分のタイプに合わない仕事のスタイルや環境でうまく結果が出せなかったり、自分のチームメンバーが自分と正反対のタイプだったときに、相手のスタイルや行動特性が理解できずにストレスを抱えるということが多いのです。

そのときに、メンバーのスタイルを変えさせようとするのは大変です。それよりも、マネージャーが自分のスタイルを変化させるほうが成功確率が高く、しかもラクです。

たとえば、あなたが「仕事人の要素を持ち合わせた起業家」のCaタイプで「新しいことをどんどんハードにやっていく」のが好きなタイプのマネージャーだったとしましょう。

ところが自分のチームにU型（調整役タイプ）のメンバーばかりで、議論はするけれど実行が伴わず、なかなか前に進まないとしたら、自分が意図的にA型（仕事人タイプ）の要素を強く出して、そのチームでは決まったことの推進役に仕事のスタイルを変えるのです。

自分のスタイルを変えるということに「抵抗」を感じるという人もいますが、**これは根本から自分を変えてしまうことではなく、むしろ「演じる」に近いものです。**その場の状況で求められる役柄を演じるのは、自分に嘘をつくのとは違います。

この本でも、私の経験をお話ししましたが、経営マネジメントを行うマネージャーは「素」ではできません。その場その場で、怒ったり、褒めたりと、どんどん自分を可変させなければ務まらないのです。

皆さんも、よく考えてみれば多かれ少なかれ、その場で最適な自分を演じるということはよくあると思います。営業先で担当者が熱血タイプなら「情」を全面に出し、論理的なタイプなら「理」を強くするということは自然にやっているはず。それと同じです。

飲食業やアパレルなどの接客・サービス業なら、お客さまのタイプをその場で察知して、外向的な人ならあえてフレンドリーに接したり、内向的な人にはあまり積極的なアプローチは控えたりということもやっています。自分のスタイルを、場を最適化するために使い分けるのは当たり前のことなのです。

メンバーが活きるためにマネージャーがやること

「できるからやらせる」より「できそうだからやらせる」

マネージャーがチームのメンバーに合わせて自分のスタイルを可変させるのは、自分が成果を出すためではなく、チームのメンバーに成果をあげてもらうためです。

そのためには、やってもらいたいことを「できる人」にやってもらうのが基本。でもよくあるのは、できないことを「できない人」にやってもらおうとしているケースです。これをするとチームはおかしくなります。マネージャーがチームメンバーのタイプをちゃんとわかっていないためにそういうことが起こります。

そもそもメンバーを伸ばすには、それぞれのタイプを理解して「長所」を伸展させたほうがいいのです。それをすることで短所も同時に引き上げられることも多々あります。仮に短所が残っていても長所がそれを上回ればいいだけのこと。

メンバー一人ひとりのことを、よくわかっていないとそういうことはできません。個々のタイプや強みは、自分の主観で測るのもいいですが、客観的な診断ツールを使うという方法もあります。診断ツールを使えば、元々のその人の気質と仕事上のマネジメント特性の両方がわかります。

メンバー一人ひとりのタイプがわかれば、やってもらいたいことを「できそう」と思える人にやってもらいます。「できるから」やらせるだけでなく、「できそうだから」やらせるのです。

そもそも、最初からどんな仕事であれ「できる人」というのはいないと考えたほうがいい。「できそうだから」でやらせてみて、違ったらもっとできそうなことに変えればいいだけです。

自分を客観視するには

マネージャーは自分のことをよくわかっていないと、どうすればそのメンバーに自分が「はまるのか」がわかりません。メンバーのタイプに対して自分がどう可変すればメンバーが動きやすくなり成果を出せるのかを考えるには、まず自分を客観視する必要があります。

私の場合は、マーサー時代に外部のコンサルティング業界の先輩方を勝手に自分のコーチとさせてもらって（そう伝えたわけではなく心の中で思っただけですが）、定期的にお会いして対話をする中で、自分が外から「どう見えているのか」を確認していました。

同じ会社の人だと、どうしてもバイアスがかかったりして、これは言わないでおこうというようなことがあるのでニュートラルにならないからです。

ニュートラルにいろんな方向から話ができる人に自分をぶつけ、その人からのフィードバックを受けることで、自分の今の状態や自分のズレ、考えすぎな部分、考えが足りない部分などが見えてくるので、調整を行うのです。

ほかにも、自分を客観視するためにこんなやり方もあります。クライアントに出向いてプレゼンをしたあとや、会議でファシリテーションをしたあと、セミナーや研修の場にいた人に「自分がどうだったか」を尋ねるのです。

これは「ドヤ顔」をしたいからではありません。気になったことを言ってもらうためです。すると、フィードバックの中から「あ、そうか」という気づきが出てきます。自分でもダメとわかっているはずなのに、やってしまっていることが意外にあるものです。

たとえば、できないことを「できない人」にお願いするのはおかしいとわかっているの

に、知らず知らず期待して、結果的にできなかったことに腹を立てていたりする自分がいます。

ニュートラルな相手に、他意なく言ってもらうことで「そもそも、それは違うことだよな」と自分で気づけるのです。テニスの壁打ちをするようなイメージですね。

そうした外部の人との「壁打ち」をするときは、「これを聞きに行こう」というのではなく、四方山話をしているうちに気づくほうがいいと思います。また、壁打ちをしていると、だんだん自分ひとりでいるときにも、もうひとりの自分と壁打ちができるようになります。

たとえば、私は大きな声で注文をしないと店員さんに届かないようなガヤガヤした店は好きではありません。たまにファミレスなどで「うるさいな」と腹を立ててしまいそうになったとき、「ここは、そもそもそういう場所なのである。300円のコーヒーで落ち着いた空間を求めるほうがおかしい」と、もうひとりの自分が教えてくれるわけです。

我に返る瞬間ともいえます。こうしたリセット効果はマネージャーにとって大事です。

私も昔は、人に諌められて気づいたのですが、**今は自分のタイプを知っているので「ちょっと今、余裕がない状態だな」と客観視することができます。**

自分の正常値がわかっていて、そこから離れてしまっていることが自分で客観的にわかっていれば、それだけでも落ち着いて対処することができるのです。

「自分でやったほうが早い病」とのせめぎ合い

マネージャーは常にせめぎ合いがあります。デッドラインが決まっていて、いつまでにこれだけのことをしないといけない。自分でやってしまえばできるのはわかっている。けれども、それをやってしまうと次に繋がらない。メンバーの成長にならない。

そうして任せたものの、出てきたアウトプットが満足できなかったり、間に合っていなかったりして、結局、自分が気分を害しながら徹夜で間に合わせる。

最悪です。でも、なぜかほとんどのマネージャーがそうなってしまいます。なぜでしょうか?

じつは、そうなってしまう原因はマネージャーにあります。「こういうものを求めている」というガイドライン(仕様)が適当なまま「頼んでいい?」と言ってしまっているのです。

それなのに、最後のほうになって「それじゃダメだ」と突然細かく指示を出し始め、「だったら、最初からそう言ってくれよ」と反発され、みんなが不幸になるという現象です。

メンバーに頼むのなら、「ここところは押さえてほしい」という道筋はちゃんと指示を出し、アウトプットについては任せるというバランスが必要です。

また、メンバーが良いアウトプットを出せなかったり、クライアントからミスを指摘されて落ち込んでいるときは、メンバーのほうから言ってくる前にマネージャーのほうから声をかけたほうがいいです。

メンバーのほうから言ってくるときは、お詫びや言い訳や後悔など、あれこれグルグルと考えた末のこと。そのプロセスがメンバーの心を病ませるからです。電話でもかまわないので、先にこちらから「気にしなくて大丈夫だ」と声をかけ、具体的に善後策の指示を出してあげたほうがメンバーは気がラクです。

間違ってもやってはいけないのは、そこでさらにミスを責めたり、なぜそうなったのかと問いただすようなことです。メンバーはすでに自分で自分を十分責めたり、クライアントに責められたりしています。そこにマネージャーが追い打ちをかけても何もプラスは生まれません。

これもマネージャーに余裕がないとできないことです。メンバーが失敗をして落ち込んでいるときは、まず相手の気持ちをラクにさせることがマネージャーの役割。そして、次に失敗を起こさずに済むように持っていくのがゴールです。

これは、私もそういうふうにやってもらったことがあるからできること。経営マネジメント層のアドバイザーをやっているのも、自分自身が社長をやって倒れるぐらいのストレスで追い込まれた経験があるからできることです。

仮に、自分自身にそういった経験がなくても「このとき、こんなふうにやってもらいたかった」と感じた経験はあるはず。それをもとにマネージャーからメンバーに立ち位置を変えてみることで、どうすればいいかが見えてくると思います。

マネージャーが自分の立ち位置を変える

マネージャーがチームをマネジメントしていくためには、マネージャーという立ち位置だけにとどまらないことです。

自分のポジショニングを固定してしまうと、その位置からしかものごとが見えなくなるので、盲点が生まれます。**マネージャーとして頭角を現す人は、どこのポジションにいても、そのポジションにしばられない動きをします。**

たとえば、自分より上の人がいても、その人を「上だから」と思わずに、いい意味で活用するのです。自分が自在にポジショニングを変えることで「全体」を見て、上の人にどう動いてもらえばみんながうまくいくのかを考えるからです。

常に全体最適を考える、ある意味で黒幕的な動きをする人といえるかもしれません。

優れたマネージャーは、個人として優れているから頭角を現すのではなく、みんなの話を聞いて、みんなのために動くことができるからリスペクトされ、チームをまとめていけるわけです。

ただそういった人もキャリアの初期段階では、ある程度「目立つ」こともしています。そうしないとピックアップされにくいからです。個人のパフォーマンスも出しつつ、でも自分のポジションだけにとらわれずに動く。そこが難しいところでもあり、優れたマネージャーを目指す人の通る道でもあると思います。

マネージャーは4つのスタイルを可変させる

マネジメントスタイルの4分類

メンバーもマネージャーも、それぞれが自分の「マネジメントスタイル」を持っています。スタイルには4つのタイプがありますが、どのタイプも自分の元来の気質、思考の特徴、あらゆる面に表れる行動特性などが含まれています。

マネージャーはとくに、この4つのスタイルを理解し、事業やチームの状況、メンバー構成に応じて自分のスタイルを可変させていくことが必要です。

ここで「マネジメントスタイルの4分類」について、それぞれのスタイルのタイプ別の特徴を見てみましょう。

A型（仕事人タイプ）Accomplisher

◎結果重視で行動的
◎ハードワークで仕事にドライブをかけ、短期的に問題解決を図る
◎実用的・現実的で、臨機応変にタスクに対処していく
◎力の源泉は仕事に対する知識・経験で、それらをフルに活用する

R型（管理者タイプ）Regulator

◎システム志向で計画的に行動する
◎生産性の向上・効率の改善には安定が必要と考え、プロセスを重視する
◎細部にわたってデータを解析し、費用対効果などの手法を駆使する
◎力の源泉はロジカルな考え方やルール、ポリシーなどにあり組織上の権限を多用する

C型（起業家タイプ）Creator

◎将来思考で先見の明があり、リスクテイカーでもある
◎長期的視点から市場ニーズはこうあるべき、など戦略的な考え方をベースに方向性を定める
◎創造性に富み、常に新しい機会を狙うが、導入や実行力にやや難点がある
◎力の源泉は熱中とクリエイティビティ

U型（調整役タイプ）Uniter

◎人や組織に強い関心を持ち「誰」がそのタスクにあたるべきかを常に考える
◎いろいろなスタイルの人で構成されるチームやプロジェクトの推進役に最適
◎謙虚かつ敏感で、チームがまとまるためには多少の妥協も厭わない
◎力の源泉は組織内部のネットワークと、他の人を説得し妥協を引き出す能力

これらの4つの基本となる思考・行動特性による傾向をもとに、特性の強さの組み合わ

せで、その人のスタイルが見えてきます。たとえばA（仕事人）の要素がもっとも強く、R（管理者）の要素が2番目に強く表れている人の場合は「Ar：実直な仕事人」となるわけです。同様に「Ca：達成型の起業家」、「Rc：戦略志向の管理者」、「Ua：実務重視の調整役」などといった、いろいろなタイプ別の特徴が見えてきます。

もちろん、それぞれのスタイルに優劣があるわけではありません。このスタイルとタイプを知っていることで、本人と仕事・役割の相性やミスマッチを判断できる材料となるとともに、マネージャーがチームをマネジメントしていくときの重要な参考材料にすることができるのです。

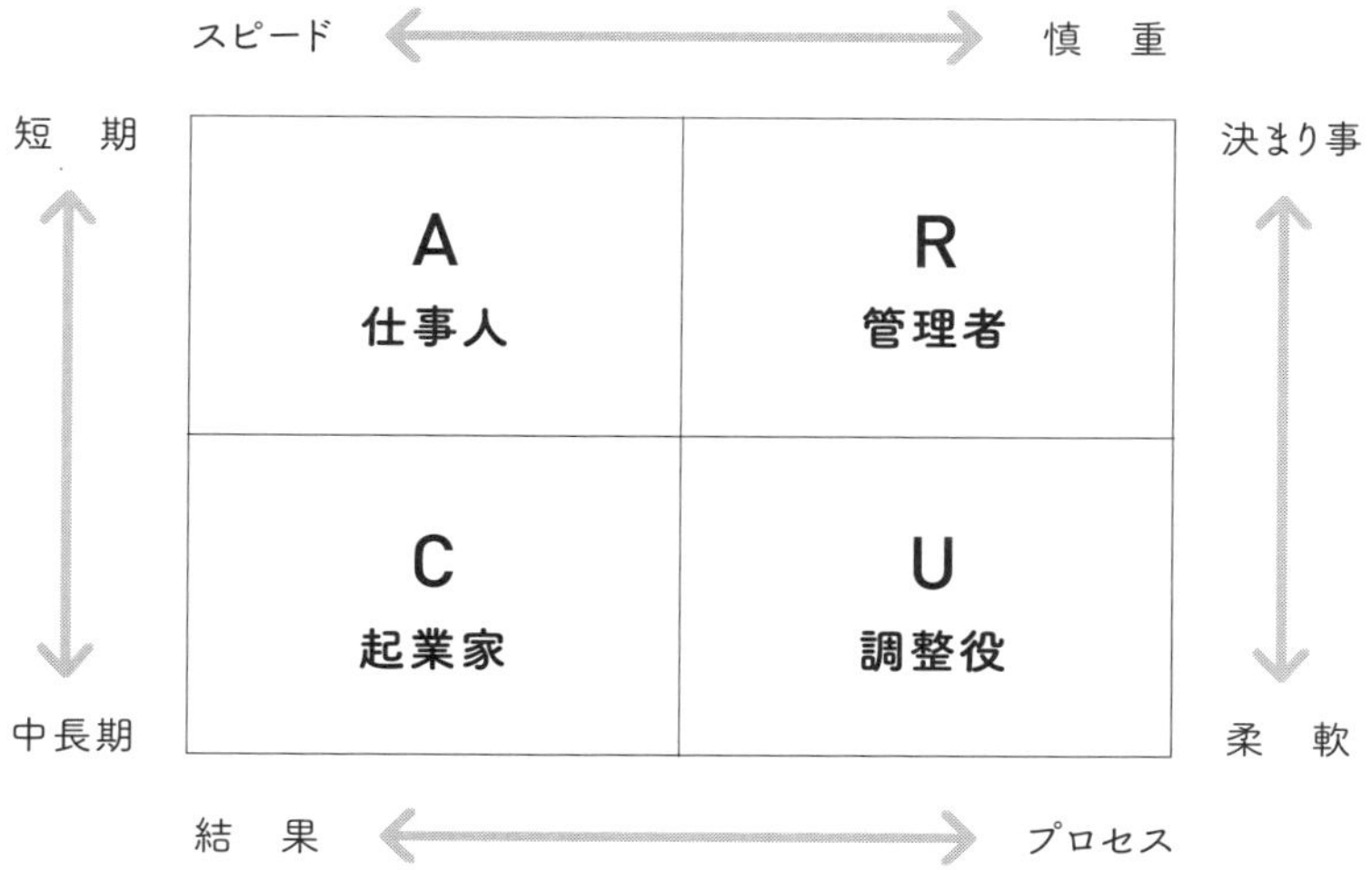

事業の発展段階によって必要なスタイルも可変させる

自分のいる組織やチームの行っている事業が、どのような発展段階にあるのか。スタートアップの時期なのか、成長期なのか、安定期、変革期なのかによっても必要なマネジメントスタイルは変わってきます。

たとえば、成熟した安定期の組織では「Ｒｕ：調整重視の管理者」役のタイプの人が求められます。自然と「Ｒｕ：調整重視の管理者」の人が組織に多くなり、新しいことを周囲に反対されても進めていく「Ａｃ：創造性のある仕事人」の要素が弱くなります。

もし、これがまだ小さな組織で、もっと成長すべき、あるいは変革をしなければいけない時期なのに「Ｒｕ：調整重視の管理者」の人ばかりだと、前に進む力や課題をクリエイティブに解決する力がなくなり、組織が衰退する可能性が高いかもしれません。

自分の組織、チームの状況を見て、どの要素が強く、どの要素が弱いのかを判断し、バランスを取っていくのがマネージャーがしなければいけないこと。メンバーの中に必要な要素を持っていて可変できそうな人には、ちゃんと話をして一時期だけスタイルを変えてもらうことも必要です。

私のマネジメントスタイルは「Ｃｕ：調整型の起業家」で、新しいこと、創造的なことをやろうとする志向が強いタイプ。みんなで新しいことをやっていくのが好きです。

CCC（カルチュア・コンビニエンス・クラブ）でCOO（取締役最高執行責任者）をやっていたときは、そんな自分のスタイルをあえて可変させていました。オーナーの増田さんは典型的な「C：起業家」タイプで、CFO（取締役最高財務責任者）のTさんは「R：管理者」タイプ。そんな二人の間に入って、自分のミッションを進めていくためには、自分まで「C：起業家」の要素を出してしまうとコンフリクトが生じてしまう。何しろ、増田さんは天才タイプの起業家なので、次々と新しいものが生まれ、それをうまく全体最適に持っていく役を誰かがやらないといけなかったのです。そこで、CCCにいたときは自分の「C：起業家」タイプ要素を封印して「U：調整役」に徹しました。

自分の本来の強い要素を封印するのは2年が限界。ただ、そうやって限定してやったのが結果的に良かったのだと思います。

自分ともっとも遠いタイプを理解して動く

「マネジメントスタイルの4分類」では、それぞれ斜めの関係が、もっとも自分から遠いタイプにプロットされます。

「A：仕事人」タイプと「U：調整役」タイプはお互いに遠く、「R：管理者」タイプと

「C：起業家」タイプもお互いに遠い関係です。

「A：仕事人」の要素が強い人は、何でもいいからとにかく自分がものごとを前に進めたくなる。そこに「U：調整役」要素が強い人がいると、ちょっと待ったが入るのでストレスを感じます。自分とタイプが真逆の人がいると「なんでだ？」と腹が立つのですが、それは元からあるスタイルの違いだということがわかっていれば、また違うやり方で進めることもできます。

たとえば、「C：起業家」タイプのマネージャーは、真逆の「R：管理者」タイプの人がやろうとする決まったやり方に抵抗がありますが、それならそういう仕事に関しては自分がやるのではなく、「R：管理者」要素を持ったメンバーにお願いをして進めるという割り切りもできるのです。

また、同じバックグラウンドを持つ人が集まり、同じような採用基準を続けてやっていたりすると、スキルが違っても結局、似たような行動やアウトプットの人ばかりがチームに多くなります。**そこに、あえて少し異質なタイプを入れるとチームとしての振れ幅が大きくなり、チームのダイナミズムが生まれます。やれることが大きくなるわけです。**

異質なものを入れることに抵抗があっても、それが10人の中の1人であれば、抵抗も薄まります。

日本人特有の「忖度行動《そんたく》」に気を付ける

チームマネジメントがうまく機能していない、組織やチームに元気がないというケースで目立つのが「過度の忖度行動」です。

「忖度」とは、他者の気持ちや真意を推し量ること。日本人が得意とするもので決して悪いことではないのですが、組織でそれが出過ぎてしまうと「上の人がこれを期待している からやる」という行動が重視され、何でも上の人にお伺いを立てる傾向が強まってしまうのです。お伺いを立てて的確な指示が出されるならいいのですが、たいていは上の人は忙しすぎるため、ちゃんとした情報共有がされないまま、「上はこう考えるだろう」でやることになります。あるいは「いちいち指示しなくても、あ・うんの呼吸でやってくれ」という空気を察して、できるだけ失敗のないように無難な選択をするようになります。過去に「上の人の空気」を読み違えて大変なことになった経験が共有されていたりするほど、余計に忖度行動が出やすくなるのです。

この問題の本質は、日本人に昔からある行動規範であり、指示待ち、周囲の目を気にするところからやってきています。つまり、日本の組織では放っておくと忖度行動は自然発生してしまうということです。これを抑えるには、マネージャーが先に手を打って「ここは気にしなくていい」「ここさえ押さえてくれればアウトプットは問わない」というようなことをちゃんと伝える必要があります。

メンバー全員に同じ指示命令をしない

マネージャーがやろうとしたことがうまくチームに浸透せず、チームが機能しない。チームに出した指示が空回りしている。そのことでマネージャーがイライラする。そんなときは、マネージャーのほうに要因があるケースが多いのです。そもそも、メンバーはそれぞれスタイルが違うわけですから、全員に同じ指示命令をしても意味がありません。結果が出ないというのは、マネージャーとメンバーがコネクトできていないということ。それならば、自分を可変させて動くなど、メンバーへの影響力の行使の仕方を変えましょう。

私が小学生の頃に読んで刺激を受けた本で、チームマネジメントに通じるバイブル的な本があります。1972年のミュンヘンオリンピックで男子バレーを率いて悲願の金メダルを獲得した名監督松平康隆さんの『負けてたまるか』という本です。

当時の男子バレーチームには「日本のビッグスリー」と呼ばれた身長190センチ台の選手がいて、3人それぞれに違う指導の仕方をしたことが本に書かれていました。

横田選手には反骨精神があるので「お前はダメだ」とビシビシ言い、森田選手には「お前は天才だよ」とモチベーションを上げ、大古選手には学歴のハンディに対して「機会を与えることで伸ばす」という、それぞれ異なる育成指導をしたのです。

当時は「そうなのか」と単純に興味深かったのですが、自分が組織のマネージャーになり、改めて松平監督のチームマネジメントを考えると、余計にその通りだなと思います。

日本人のマネージャーがやりがちなのが「みんなそうやっているんだから、同じようにやれないとダメだよ」という指導をすることです。みんなに合わせなさいと言っているだけで、それではマネージャーは何もしていないに等しい。

本来、マネージャーがやるべきことはみんなに合わせるのではなく、その人の力を出させてあげることです。チームとしての原理原則だけは共有したうえで、やり方はその人に任せて、足りない部分を補うのがマネージャーの仕事でしょう。

営業のマネージャーであれば、達成すべき数字とその理由を大きな目的とセットで示し、その数字のつくり方について細かく言うのではなく、メンバーが数字をつくれるように動くのがマネージャーです。そこでは当然、メンバー一人ひとりのスタイル、タイプを見極めて、こうすればそのメンバーがいちばん力を出せるということを考えないといけないのです。

自分のスタイルの変え方

平常時とストレス時の違いを知る

ある企業で管理職全員を対象に「マネジメントスタイル」の診断を行ったときのことです。多様化推進チームという、いわゆるワークライフバランスや新しい働き方、ダイバーシティのあり方などを検討して実行策を推進していくためのチームなのですが、そのチームがうまく機能していませんでした。

なぜ、うまくいっていないのか。マネジメントスタイル診断の結果からは、平常時とストレス時、それぞれの状況での各マネージャーのスタイルの変化が浮かび上がってきます。

平常時というのは、先天的な気質にプラスして後天的に学習したことや、ここではこう振る舞っておいたほうがいいという意識が「思考」や「行動」に表れます。それに対してプレシャーがかかった状況などのストレス時は、より先天的な気質のほうが強く表れるのです。素の自分に近いものが出るのがストレス時です。

この企業は長年安定した市場を持っていた事業を多くやってきたのですが、世の中の変化に対応するため、組織内部も多様化する必要がありました。つまり現状を変えていくためにマネージャーはクリエイティブなアイデアをどんどん出せる「C：起業家」タイプで、かつ実行力もある「A：仕事人」タイプの要素を持っている人が適しているはず。ところが実際には、多様化推進チームのマネージャーは平常時が「Uc：創造タイプの調整役」で、ストレス時は「Ar：実直な仕事人」という診断結果。つまり、マネージャーの素の姿は、現状を変更するような創造的なことよりも、既にあるものをどんどんこなしていくほうが向いている人でした。

にもかかわらず、新たなことをやっていかなくてはいけないチームのマネージャーになったことで、かなりのストレスを抱えていたわけです。

通常は、どこかの要素が平常時とストレス時で重なっている人が多いのですが、このマネージャーの場合はまるで正反対。クリエイティブであらねばと仕事をしていても、本性としては決まった仕組みの上で仕事を処理していくほうに寄っている状態。さらに、多様化推進チームには、ストレス時になるとクリエイティブな「C」の要素を持った人はひとりもいないことも判明しました。

これはハッキリ言ってしまえば、ミスキャストです。みんなが本来の姿から遠いところで無理をしている状態です。

多様化を推し進めるために新たなアイデアを出して、どんどん実行していく仕事人が必要なのに、そういう人がチームにいないことがわかれば、足りない要素を持った人を投入したほうがいいでしょう。

このチームのケースは一つの例です。どんな組織やチームでも、うまくいっていない状況があれば、そこには同じような問題があると考えてください。

自分がどのマネジメントスタイルのタイプなのかを知ると、平常時には「こうあるべき」という姿が出ていて、ストレス時には「本来の姿」が表れていることがわかります。まれに平常時もストレス時もまったくスタイルが変化しないタイプの人もいますが、基本的にはみんな少しずつ違っています。

だとすれば、「こうあるべき」になっている姿を「本来の姿」に調整すればいい。そのうえで、本来の姿で無理なくやれることの中で、チームの状況を考え、自分が可変できることをやるのがいいと思います。

マネージャーはなぜ違うスタイルを演じるのか

マネージャーにとって大事なのは、自分がどうなるかではありません。自分が預かっている組織、チームが良くなるように動くことが大事。そういう割り切りがなければマネージャーはできません。

今までは「あなた」のファインプレーが期待されていたかもしれません。ですが、マネージャーになったあとは「チームが勝つこと」が期待されます。**試合に出て活躍するのではなく、試合をマネージして勝つというところに自分の立ち位置を変えないといけないのです。これがマネージャーの演じる「役」です。**

私が最初に、自分の立ち位置を変えて「役」を演じることの必要性に気づいたのは、マネージャーになる前。オランダの日本大使館から日本に戻って、ホテルで夜のフロントを担当していたときです。

当時はバブルで、ホテルは連日満室。ものすごい数のお客さまがチェックインに来ます。ラッシュ時にはレセプションクラークが前に出てお客さまをさばくのですが、それでも追い付かない。他のフロント業務に誰も対応できない状態となり電話も取れないのです。そこで私は、みんな前に出たら、逆に自分は下がって電話に出るなどほかの対応をする。みんなが下がってきたら、今度は自分が前に出るということを誰に指示されたわけでもなくやっていました。

そのときのレセプションマネージャーはお客さまが来ると自分も前に出て一緒にさばくタイプ。個人プレーヤーの延長線上で仕事をしていたような気がします。もちろん、素晴らしいサービスをしていて、それはいいのですが本来のマネージャーはそれではダメでしょう。

全体を見て、手薄なところに回ってフォローしていくように、自分の「役」を変えていくのがマネージャーの役割です。

私が「役」を演じることに比較的抵抗がなかったのは、花形であるフロント業務をどうしてもやりたいという意識がなかったからかもしれません。それよりも自分の仕事と立ち位置を客観視していました。

目の前の状況が少しでも良くなるには、自分はこう動いたほうがいい。そういうふうに自分のスタイルを自然に変えていたのです。優れたマネージャーを目指したいのであれば、自分の仕事が好きだとしても、そこに思い入れを持ち過ぎず、どこかで冷静にその仕事について見ることを意識してみてください。

自分の陥りやすいパターンを知る

自分がメンバーのために「役」を演じ、スタイルを変えるには、まず自分のマネジメントスタイルのタイプには、どんな陥りやすいパターンがあり、どうすればミスマネジメントを防げるかをあらかじめ知っておくことが絶対に必要です。

自分のタイプが、どんなスタイルの持ち主を苦手としているのか。どういうスタイルの持ち主とはいい関係をつくりやすいのか。どうすれば自分のスタイルをもっと向上させていけるのかを知っているのと知らないのでは、マネージャーとして大きな差が出るでしょう。

A型（仕事人タイプ）Accomplisher

＊他のスタイルの人たちとの人間関係

● 「仕事人」タイプの特徴である「速い思考・決定・実行」と異なるスタイルの人たちに対しては厳しい見方をします。また、ときにはそうした人たちの問題点を指摘します。

● 「仕事人」タイプが苦手とし、あまり評価をしないスタイルは、細かい部分まで情報を要求し、なかなか「Ｙｅｓ」と言わない「管理者」タイプです。

● 「起業家」に対しては、その変化に戸惑うことも多いのですが、「起業家」からのアイデアが明らかに「効果」ありと期待できる場合には合意することも多いでしょう。

● 「仕事人」としての知識や経験を評価してくれる「調整役」に対しては好意的に接します。

＊陥りやすいミスマネジメント

●「仕事人」タイプのマネジメントスタイルは「説得力と行動力で周囲に影響力を行使する」ものですが、一方でリスク分析が甘く、十分な導入準備なしに解決策を推し進める傾向があります。また、あまりのスピードに人や組織がついてこないことも。

＊自分のスタイルを向上させるには

●自分ですべてやろうとしないこと。他の人にも任せて、「誰にやらせてみよう」「そうするとどんな効果があるだろう」と考えると、いろんな人の面白味が見えてきます。

●「何を（Ｗｈａｔ）やるか」は常に重要ですが、ときには「どのように（Ｈｏｗ）やるか」のほうがタスクによっては重要で、効率的なこともあります。

●あえて「火中」から離れて、ものごとを熟考してみます。そこで「なぜ（Ｗｈｙ）」を追求してみると今までとは違う解決策が見えてきます。

●人との話の中で、相手が「何を言ったか」に注目しがちですが、それ以外にも「どんな言い方をしたか」「なぜその人はそう言うのか」にも注目してみましょう。そうすると、これまで見えていなかった微妙な差異に気づくことができます。

R型（管理者タイプ）Regulator

＊他のスタイルの人たちとの人間関係

●すべてのものごとが決められたとおりに動いていれば幸福感を感じます。しかし周囲の人が軌道から外れた行動を取り始めると我慢できず反応します。仕組みや計画から外れたことは「起こってはならないこと」という考え方を強く持っています。

●短期的に素早くタスクを達成する「仕事人」タイプとは距離が近いのですが、「仕事人」は必ずしもルール通りでなかったり、「どのように（Ｈｏｗ）」に関心がないので衝突することも。「仕事人」には「あまり考えないで行動する」という厳しい見方もします。

●「調整役」とはロジカルでシステマティックなアプローチを行っている間は気が合いますが、「妥協」を求められるとうまくいかないこともあります。

●「管理者」の対極にいる「起業家」タイプとは、お互いを認めるものの一旦対決すると真正面からのぶつかり合いになります。

＊陥りやすいミスマネジメント

●すべてを管理しようとするあまり、杓子定規な考え方に周囲がやりにくさを感じたり、想定外のことが起こったときに原因追求に走ってしまい、必要な対応や本質的な解決がなおざりにされることがあります。

＊自分のスタイルを向上させるには

●「許可項目以外はすべて禁止」という考え方ではなく「禁止されていること以外は自由」という考え方をしてみることで、創造性と管理の両立をすることができます。

●「どのように（How）」だけでなく「何を（What）」「なぜ（Why）」「誰が（Who）」に視点を移してみることで、不要なルールや本当に必要なルールなどの新たな発見ができます。

●ときには、最初からあまり細かいことを考えず、思ったままの「大きな絵」を描き、それを誰がどのように実現できるかを考えてみましょう。周囲の人は、その意外性に驚くとともに、元の管理者の特性がプラスに働いて「実現可能」と受け入れてくれるでしょう

C型（起業家タイプ）Creator

＊他のスタイルの人たちとの人間関係

●創造性に欠ける人やリスクを取ることをためらう人に対して我慢できないことも。

●「起業家」タイプの対極にいるのが「管理者」タイプ。細かい部分に思考が行き、発想の自由度の少ない人が苦手で、どうしても距離が近くなれません。

●もっとも気が合うのは、長期的な展望を持ち、よく話をきいてくれる「調整役」タイプ。彼らの持っている組織内での「一人の情報」や社内政治などの「見えない情報」に価値を見出します。

●「仕事人」タイプとも比較的気が合います。自分のアイデアがいくら良くても、実行して結果を出してくれる「仕事人」タイプがいないと困るからです。

●同じ「起業家」タイプには対抗心を抱きやすく批判的になりがちです。

＊陥りやすいミスマネジメント

●つぎつぎと湧き出てくる発想、アイデアに対して周囲はカリスマ性を抱きますが、枠に囚われないあまり、周囲が実現性に困ったり、変化が多過ぎて追いつかないことも。

＊自分のスタイルを向上させるには

●自分のアイデアの良さだけですべてを乗り越えようとするのではなく、周囲の他の要素を持つ人の発想も参考にすることで、実現可能性や実効性を高めることができます。

●新しいことを、ときにはすぐに実行に移さず一定期間温めることも必要。変化のための変化ではないことを確認するためです。

●変化を急ぐあまりルール無視で周囲からの人望を失ったり、周囲を混乱させることは結局自分のやりたいことにプラスになりません。特例が必要なときは、その理由とそれがもたらすメリットを同時に説明することもやりましょう。

●自分のアイデアに反対する人を無視したり拒絶するのではなく、その相手が「なぜ」反対するのか、相手の世界観や価値観をまずは認め、そのことを伝えてみてはどうでしょうか。そこから、新たな変化が生まれることも少なくありません。

U型（調整役タイプ）Uniter

＊他のスタイルの人たちとの人間関係

●基本的にどんなスタイルの人とも問題なくやっていけるのが「調整役」タイプ。

●「管理者」に対してはややネガティブなことも。とくに短期的視点、思考で形式にこだわり杓子定規にものごとを処理しようとするところが合わなかったりします。

●「仕事人」からは、優柔不断で行動が遅いと見られることが多々あります。

●「起業家」とはウマが合うのが「調整役」タイプ。「起業家」にとって調整役は、新たなアイデアを受け止め、組織内に浸透させたり、実現に向けて必要な社内の「ヒト」のアサイン、「意思相通」などを手助けしてくれる存在だからです。また両者ともに長期思考であることも気が合う要因です。

＊陥りやすいミスマネジメント

●社内外に情報網を持ち「誰が、何を、なぜ」という観点から的確に状況を把握して、多くの人が納得できそうな「落としどころ」を探ってコンセンサスを得るのが得意。しかし、そのための社内調整に時間を使いすぎ、顧客対応や重要な意思決定が遅れることで周囲が不満を持つことも。

＊自分のスタイルを向上させるには

●多くの人と繋がり意見を集約できるのは優れた能力。それを生かして「ミッションの明確化と共有化」を目指してみましょう。ミッションが古い、あるいはバラバラな組織も多く、ミッションが一気通貫された組織をつくるために大きく貢献できます。

●ときにはチームのコンセンサスが不十分でも「やりましょう！」の声を出してみては？「調整役」がそのようにエネルギーを出すことで周囲は勢いづきます。

●全体最適の観点から、組織のために良くないことをする人には毅然とした態度で接することも必要です。「良いマネージャー」と「お人好しのマネージャー」は別物。「調整役」が毅然とすることで組織が締まるのです。

R

管理者

コントロールを構築
システマチックに効率を追求

行動の拠り所	分析、プロセス、コントロール
行動パターン	システマチック
最大の関心事	どのように(How)

U

調整役

組織の調和
好ましい企業文化

行動の拠り所	価値観、文化
行動パターン	調整
最大の関心事	誰が(Who)

A 仕事人

実行する、結果を出す

行動の拠り所	経験、行動、結果
行動パターン	アクション
最大の関心事	何を（What）

C 起業家

戦略的な指示
将来へのビジョン

行動の拠り所	将来、機会
行動パターン	創造
最大の関心事	なぜ（Why）

チームの陥りやすいパターンを知っておく

組織やチームに、似たような「マネジメントスタイル」のタイプを持つ人が多く集まると、どうなるでしょうか。もちろん、良いこともあります。気が合うのでスグに仲良くなり、以心伝心でものごとを進めることができます。

しかし、同じタイプが集まってしまっていることで、一緒に崖から落ちてしまうリスクもあるのです。

ものごとを進める上で、とんでもない見落としをしているのに、誰も気づかない。みんな何も反応していないので安心してしまっているわけです。

だからといって、自分といちばん遠いタイプの人とものごとを進めると、ぶつかり合いが多くてストレスフルだったり、前に進ませることができなかったりもするので、マネージャーは基本的にメンバーとスタイルが合っているほうがいいでしょう。

その上で、あえて組織やプロジェクトの状況に応じて、異なるタイプの人も入れて全体のバランスを取ることを意識するのがいいと思います。

それなら、チームとしてポツンポツンと全体に万遍なく、いろんなスタイルを持ったタイプの人がいるのが良いのかというと、問題もあります。一見、バランスは良いように思いますが、みんながそれぞれ異なるタイプなので、意思疎通やチームビルディングにものすごく時間がかかってしまいます。

そこで、このことを実感してもらうプログラムを当社で開発しました。

海外ツアー中に、とあるお客さまがカフェにカバンを置き忘れて紛失します。このお客さまはツアーコンダクターに対処を依頼しますが、「置き忘れ」は「置き引き」ではないので保険が適用されないと説明を受けます。そうは言っても孫へのお土産や、思い出が詰まったデジカメを一緒に紛失したことから、どうにも納得できません。帰国後、保険会社にクレームをしに来社。この顧客への対応を求められるというプログラムです。

理想的なゴールは「このお客さまが今回の紛失に保険が適用されないことを理解・納得し、かつ、次回の海外旅行時もこの会社の保険に加入したいと思う」ことです。プログラムではプロの役者がカバンを紛失したお客さまになり切って登場。受講生は保険会社のお客様相談係のチームとして対応します。

これは、なかなか難易度の高いプログラムです。3〜4人のチームで対応してもらうのですが、過去に成功したチームは数えるほどです。感情的になっているお客さま（プロの役者）を更に怒らせて終わるケースが多いのです。

このプログラムの成否は最初の5秒で決まります。

保険会社の会議室で待つお客さまのところにどのように現れるか、この第一印象がその後のやりとりに大きな影響を与えます。ポイントは「大事なお荷物をなくされて消沈しているお客さまへの共感」を感じさせる現れ方ができるかどうかです。

普通に（事務的に）入室してきたり、いかにも消極的（できればお会いしたくない）雰囲気を醸し出したりしていると、その時点でかなり心象的にマイナスです。そこから面談でリカバリーするのはよりハードルが上がります。

面談でやりがちなのが「まずは、カバンをなくされたときの状況について教えてください」と、この顧客に説明を求めることです。しかし、これをやると、お客様の心象は即座に悪化します。

「もう何度も説明してきたじゃないですか。聞いてないんですか！」と。

これに対してやりがちなのが、「いやいや、直接お伺いしたいのです。間違いがあるといけませんから」。炎上路線まっしぐらです。

通常の心理状態であればまだしも、クレーム客にこの流れはいけません。直接確認したいのは、自分たちが判断したいためで、その材料を基に「保険が適用できない」ことを説明しようとしているな、とお客さまに受けとられます。完全な対立構造です。

状況確認はもちろん必要です。しかし、意味が違います。ここでやるべき状況確認は「お客さまが大事なお荷物をなくされて消沈している、そのお気持ちを理解するために状況確認をさせてください」なのです。

まずは「大事なお荷物をなくされて消沈しているお客さまへの共感」の言葉から始めるのが筋です。「今回は大変でしたね」と、本当に「そう思って」第一声をかけられるかどうか。旅行の思い出話をお伺いするのは入りやすいアプローチです。その上で、「保険の適用ができなくて残念に思う」です。

このときに気をつけるべきは、言葉ではありません。雰囲気、声のトーン、表情です。いかに良い言葉を連ねても、「大事なお荷物をなくされて消沈しているお客さまのお気持ちを理解している」感が、心から表現されていないと何を言ってもダメです。

営業で厳しいお客さまとのやりとりを経験してきた人たちはたたき上げ的にこれができます。特にベテラン社員がうまい。しかし、この手のやりとりは営業行為以外の場面でもたくさん発生します。どんな仕事をしていく上でも必要なスキルだと思います。

このプログラム、じつは他にも「論理の門」「論理と感情の門」という合計3つの門をクリアしてもらうつくりになっています。Business 3gates といいます。

「論理の門」は楽々クリア、「感情の門」がクリアできず、その後の「論理と感情の門」でボロボロというエリート集団が多いのです。

とくに同じチームに、同じような「ビジネスマネジメント」スタイルを持つタイプしかいない場合は〝全滅〟になってしまうのです。チームに一人でも、違うタイプがいるだけで課題に対して別の切り口を見つけたり、お客さまに寄り添える対応ができるかもしれません。

皆さんの組織やチームが、どんなスタイルの持ち主が集まっているか。それが強みに表れる場合だけでなく、落とし穴になるケースもないかをマネージャーは考える必要があります。

スタイルの一部を変えるだけでもうまくいく

この本では、マネージャーが自分の能力や心の持ちようを自分以外の人に向け、組織やチームがうまくいくために動いていくことの意味と重要性をお話ししてきました。

しかし、マネージャーはメンバーをすべて選べません。基本的には与えられたメンバーで結果を出すしかないのです。

自分のチームメンバーに、いかに「あるべき行動」を表出してもらうかが鍵です。

ただ単に「メンバーのパフォーマンスを上げさせる」という話ではありません。マネージャーがメンバー個々の持つスタイルや思考、行動特性を理解し、お互いに影響し合いながらチームのダイナミクスを良くしていくという話です。

間違ってはいけないのは、メンバーに「その人の根本」を変えるように働きかけるということではない点です。「U：調整役」タイプの人に「A：仕事人」になってくれという指示命令をしても、それは無理です。そうではなく、「A：仕事人」の要素を少しでも持っている人に自分のスタイルを少しだけ変えてもらうようにするのです。

「じつは、相談したいことがある。今のあなたのスタイルを否定する話ではない。チーム全体を見たときにA型の仕事人の要素を持った人が足りていない。あなたがいちばんうまくやれる可能性が高いので、やり方はあなたに任せるからこの期間は仕事人として結果を出すことに時間を使ってほしい」という話をすれば、相手を否定する要素はどこにもないので受け入れてもらいやすくなります。

マネージャーはメンバーに対して「相手が受け入れられる話」をするのが原則です。たとえば、チームの一体感をつくりたいのに、どうしてもそこに加わろうとしないメンバーがいたとします。そういう人に限って仕事はデキるので外すわけにもいかない。

「みんなでバーベキューをやって楽しみませんか?」と誘っても「私はいいです」と即答されてしまうようなタイプの人です。そのときに優れたマネージャーは、その人が「行ってもいいかな」と思うようなことをするのです。

「あなたが指導を担当してる○○さんも、今回は来るので、そういう場で話をしたら普段とは違う面も見られて指導のプラスになるんじゃないかな」というような誘い方をすれば、その人のやっていることを「認めて」話をしていることになるので、その誘いが魅力に変わるわけです。

これはメンバーが「仕事人」「管理者」「起業家」「調整役」どのタイプなのかによっても違うので、相手が魅力に感じることにマネージャーが合わせていくのがポイント。

ちなみに私の場合なら、C型の「起業家」タイプなので「半魚人とギョーザのパーティーがあるので来ませんか?」と誘われたら絶対に参加します。変なこと、面白そうなことがあると行きたくなるタイプだからです。これをA型の実直な「仕事人」タイプの人に言っても、「は?」で終わってしまいます。

この話のエッセンスはチーム力を上げるには、メンバーのパフォーマンスを上げさせるのではなく、スタイルの一部を変えることにあります。マネージャーのちょっとした行動や言葉の使い方でもスタイルは変わるのです。

たとえばA社がB社の事業を買収したり、企業統合によって、異なるバックグラウンドを持つメンバーが一緒に仕事をするようになることも珍しくありません。そんなときにA社のプロパーのマネージャーが、B社のメンバーのことを「彼ら」と呼ぶのか「私たち」と呼ぶのかでもチームの雰囲気や動きに大きく影響してきます。

ここで紹介してきたマネジメントスタイル診断に関心がある方はIIOSSのホームページ(http://www.iioss.co.jp/)をご覧ください。

おわりに

優れたマネージャーのモデルは一つではない。状況に応じてスタイルを変えるべきだ。これは1977年にハーシィ(P.Hersey)とブランチャード(K.H.Blanchard)が提唱したリーダーシップ条件適応理論（通称：SL理論）の考え方です。

部下の成熟度によって有効なリーダシップスタイルが異なるという考え方です。私がこの本の中で「優れたマネージャーは可変である」としているのはSL理論と同じ考え方ですが、適応条件として部下の成熟度だけではなく、担当している事業環境、メンバーのスタイルの違いを意識することを提唱しています。

本書をまとめるあたって、優れたプレイヤーで早期にマネージャーに昇進したものの、立ち振る舞い方に悩み停滞している数名の方々の顔を思い浮かべていました。彼らにどのようなアドバイスをしてあげるのが有効か、どうすれば気づいてもらえるか、そんなことから目次や構成が出来上がりました。あとでさりげなく本書を送ろうと思っています。

これをご覧になっている役員、部長さんへ。気になる管理職の部下の方へのプレゼントとして本書をご活用いただけると幸いです。

さて、この本はクロスメディア・パブリッシングの編集担当の山下絢子さんからメールをいただいたことから企画が立ち上がりました。とりまとめにあたっては、山下さんだけでなく、同社社長の小早川幸一郎さん、編集協力の弓手一平さんとの十数回の打ち合わせから出来上がりました。山下さん、弓手さんには3日間の柴田塾も陪席してもらいました。私のスケジュールがタイトな中、毎回打ち合わせのメモをとり、リマインドしてくれた秘書の佐々木一美さんに感謝します。

みなさまのお力添えがあってこの本は出来上がりました。
この場を借りて御礼申し上げます。ありがとうございました。

【著者略歴】

柴田励司（しばた・れいじ）

1962年東京都生まれ。上智大学文学部英文学科卒業後、京王プラザホテル入社。京王プラザ在籍中に、在オランダ大使館出向。その後京王プラザホテルに戻り、同社の人事改革に取り組む。1995年、組織・人材コンサルティングを専門とするマーサー・ヒューマン・リソース・コンサルティング（現マーサージャパン）に入社。2000年、38歳で日本法人代表取締役社長に就任。組織に実行力をもたらすコンサルティング、次世代経営者層の発掘と育成に精通する。2007年社長職を辞任し、キャドセンター代表取締役社長、デジタルスケープ（現イマジカデジタルスケープ）取締役会長、デジタルハリウッド代表取締役社長、カルチュア・コンビニエンス・クラブ代表取締役COOなどを歴任。2010年7月より「『働く時間・学ぶ時間』をかけがえのないものにしたい」という思いのもと、経営コンサルティング事業と人材育成事業を柱とする（株）Indigo Blueを本格稼働。代表取締役社長を務めている。また、2014年7月よりパス株式会社代表取締役CEO、2014年12月より株式会社gift代表取締役会長も兼務する。

優秀《ゆうしゅう》なプレーヤーは、
なぜ優秀《ゆうしゅう》なマネージャーになれないのか？

2015年3月21日　初版発行
2021年12月16日　第5刷発行

発行　**株式会社クロスメディア・パブリッシング**
発行者　小早川幸一郎
〒151-0051　東京都渋谷区千駄ヶ谷4-20-3 東栄神宮外苑ビル
http://www.cm-publishing.co.jp

発売　**株式会社インプレス**
〒101-0051　東京都千代田区神田神保町一丁目105番地
TEL (03)6837-4635（出版営業統括部）

■本の内容に関するお問い合わせ先 ………… クロスメディア・パブリッシング
TEL (03)5413-3140 ／ FAX (03)5413-3141

■乱丁本・落丁本のお取り替えに関するお問い合わせ先 ………… インプレス　カスタマーセンター
TEL (03)6837-5016 ／ FAX (03)6837-5023 ／ info@impress.co.jp

乱丁本・落丁本はお手数ですがインプレスカスタマーセンターまでお送りください。送料弊社負担にてお取り替えさせていただきます。但し、古書店で購入されたものについてはお取り替えできません。

■書店／販売店のご注文受付 ………… インプレス　受注センター
TEL (048)449-8040 ／ FAX (048)449-8041

カバー・本文デザイン　都井美穂子
ISBN 978-4-8443-7398-8 C2034

編集協力　弓手一平
印刷　株式会社文昇堂 / 中央精版印刷株式会社
製本　誠製本株式会社